KB195219

서른에서 마흔으로,

마음의 힘이 필요할 때 장자를 만나라

서른에서 마흔으로, 마음의 힘이 필요할 때 장자를 만나라

1쇄 인쇄일 2024년 12월 23일
1쇄 발행일 2025년 1월 15일
지은이 천인츠
옮긴이 문현선
펴낸이 김순일
펴낸곳 도서출판 미래문화사
신고번호 제2014-000151호
신고일자 1976년 10월 19일
주 소 경기도 고양시 덕양구 삼송로 222, 현대헤리엇 업무시설동(101동) 301호
전 화 02-715-4507
팩 스 02-713-4805
이메일 mirae715@hanmail.net
홈페이지 www.miraepub.co.kr
블로그 blog.naver.com/miraepub

ISBN 978-89-7299-580-7 (03150)

서른에서 마흔으로,
마음의 힘이 필요할 때 장자를 만나라

천인츠 지음 · 문현선 옮김

莊子

차례

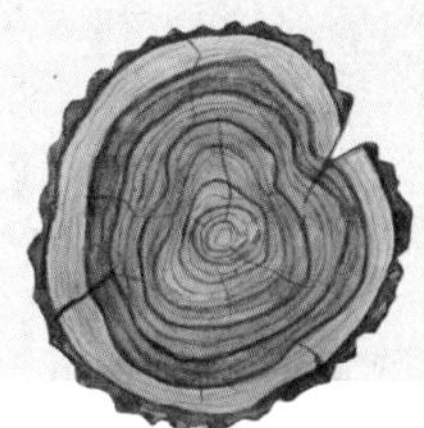

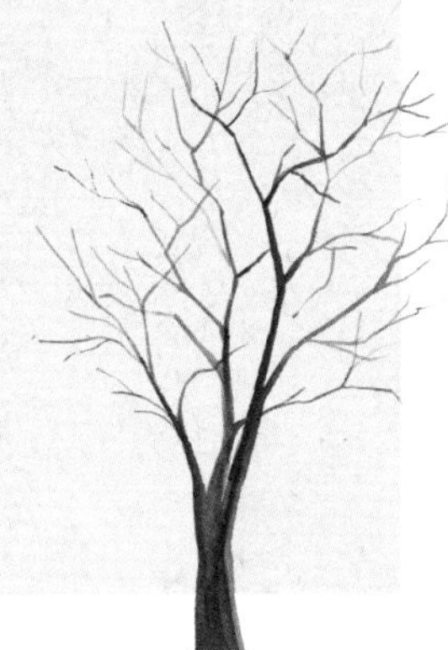

들어가는 말

장자는 물고기와 대화할 수 있었을까?

● 사람들은 종종 무언가를 집착하는 경향이 있습니다. 책을 읽으면서 굳이 그 책을 쓴 사람을 이해하고자 하는 것처럼 말입니다. 첸중수 식으로 말하자면, 달걀을 먹으면서 그 달걀을 낳은 닭에 대해 알고 싶어 하는 것입니다. 첸중수는 자신의 글을 읽고서 자기를 직접 만나 인사를 나누고 싶어 하는 누군가에게 그렇게 말한 것이죠.

적잖이 『장자』를 읽어 온 사람들 사이에서는 그와 같은 일이 시시때때로 일어납니다. 그들은 언제나 장자가 어쩌고저쩌고하면서 장자를 직접 만나 말을 들은 것처럼 굴었죠.

전국 시대를 살았던 역사적인 인물로서 장자의 참모습은 사실 모호한 측면이 있습니다. 중국 고대의 첫 번째 장자 전기는 그가 살았던 시대로부터 거의 200년이나 뒤인 한나라의 역사가 사마천에 의해 쓰였습니다. 『사기』에 실린 글에서 장자의 생애와 관련된 자료로 볼 수 있는 내용은 초나라 왕이 그를 초빙해 관료로 삼으려 했다는 것뿐입니다. 그런데 이 사건에 대한 기록의 출처는 다름 아닌 『장자』의 「열어구」와 「추수」입니다. 『장자』에 실린 두 편의 글에 그 일화가 나오는 것이죠(이 책의 「난세에서 구차히 생명을 보존하려면」을 참고하십시오).

사마천이 장자의 삶에 대한 일화를 더 많이 제공하지 않았으니, 오늘날 사람들이 즐겨 떠드는 모든 이야기는 결국 『장자』라는 책에 나오는 것뿐입니다. 그러나 『장자』에 적힌 그의 사적이 과연 실록일까요? 적어도 전부는 아닐 것입니다. 만약 전부를 실제라고 믿는다면, 다음과 같은 이야기를 읽어 보기 바랍니다.

한번은 장자가 길을 가다가 외치는 소리를 듣고 돌아보니, 붕어 한 마리가 수레바퀴 자국 속에 있기에 어찌 된 일이냐고 물었습니다. 붕어는 장자에게 물을 구해다가 자기를 살려 달라고 했습니다. 장자가 말했습니다. "좋다. 내가 지금 남쪽으로 가는데, 거기는 물이 많으니 끌어다가 널 구해 주마." 붕어는 화를 냈습니다. "나는 그저 한 줌의 물만 있어도 살아날 텐데 그런 말을 하다니, 차라리 건어물 파는 시장에 가서 나를 찾으시오!"

장자가 정말 물고기와 대화를 나누었을까요? 아마도 이렇게 말할 수 있을 것입니다. 『장자』에 실려 있는 장자의 삶에 대한 수십 편의 일화들을 곱씹어 보건대, 그 속에 실제로 장자 자신의 삶의 그림자가 깃들어 있을지라도 그 글의 대부분은 이른바 '알레고리'에 불과하다고 말입니다.

결국 이런 상황에서 우리가 주목해야 할 핵심은 『장자』라는 책이지, '장자'라는 사람이 아닙니다. 장자의 삶에 대해 보다 많은 것을 이해하고자 하더라도, 우리가 알 수 있는 것이 그 책보다 많지는 않을 것이기 때문이죠. 사상가의 전기는 그의 사상의 역정이고, 문학가의 삶은 그의 문학 속에서 드러나는 법입니다.

그러니까 우리는 이제 『장자』를 읽어 봅시다.

사람의 마음이 하늘보다 더 넓다

1

북쪽 바다에 물고기가 있는데, 이름을 곤이라 한다. 곤의 크기는 무척이나 커서 몇천 리가 되는지 모른다. 곤은 새로 변하는데, 그 새의 이름이 붕이다. 붕의 등도 너무 넓어서 몇천 리가 되는지 알지 못한다. 붕이 날개를 떨치며 날아오를 때, 그 날개는 마치 하늘 끝까지 닿아 있는 구름처럼 그림자를 드리운다. 곤이 변하여 된 붕은 바다에 너울이 이는 때를 노려 남쪽 바다까지 날아간다. 남쪽 바다는 그야말로 하늘 끝까지 닿아 있는 크나큰 물이다. 『제해』라는 제목의 책에는 이상한 일들에 대한 기록이 있는데, 그 가운데 다음과 같은 내용이 적혀 있다. "붕이 남쪽 바다로 가는데 물을 삼천 리나 쳐 내면서 핑그르르 돌아 몸을 솟구쳐 구만 리를 날아오른다. 하늘에 올라 바람을 타면 여섯 달 동안이나 바람을 타고 간다."

—「소요유」

오늘날 우리는 다른 사람들의 원대한 앞날을 빌어줄 때 종종 '곤붕전시(鯤鵬展翅, 곤붕이 날개를 펼치다)'라든가 '붕정만리(鵬程萬里, 붕이 만 리를 난다)'라는 표현을 쓰곤 합니다. 이 고사성어들은 모두 『장자』라는 책에서 유래한 것이지요. 첫 번째 장인 「소요유」의 맨 앞부분에, 책을 펴기만 하면 바로 눈앞에 펼쳐지는 이야기입니다. '북쪽 바다에 물고기가 있다'라는 문장은 아마 수많은 사람의 마음을 산산이 부숴 놓았을 것입니다. 이 글이 펼쳐 보이는 그림이 너무도 아득하리만큼 광대하기 때문이겠지요. 생각해 보십시오. 수천 리에 달하는 크기를 가진 곤붕이라니, 한 번 날아서 하늘에 오르면 구만 리를 간다니, 곤붕의 세계는 얼마나 광활한지요!

하지만 현실적인 관점에서 보건대, 수천 리에 달하는 크기를 가진 동물은 존재할 수 없을 겁니다. 물고기든 새든 말이죠. 구만 리나 되는 창공으로 날아오를 수도 없을 거예요. 그곳은 대기권 밖을 한참 벗어나니 말이죠. 곤붕은 숨을 쉬기도 보고 듣기도 어려울 겁니다. 그렇다면, 이와 같은 글로 책을 여는 의의는 대체 무엇일까요?

이것이 현실의 상황을 묘사한 것이 아니라면, 마땅히 정신의 어떤 경지를 형용하는 내용일 겁니다. 곤붕을 따라 독자도 드높이 날아오르는 느낌을 받고, 평상시의 한계를 뛰어넘어 일상적인 틀을 벗어나게 되는 것이지요. 이는 공간적인 차원에서 극한의 확장을 의미합니다.

그렇다면 이것은 진실일까요? 빅토르 위고의 말이 어쩌면 이에 대한 대답이 될 수 있을 겁니다. "대지보다 광활한 것은 바다이고, 바다보다 광활한 것이 하늘이다. 그러나 하늘보다도 더 광활한 것은 바로 사람의 마음이다." 마음의 세계는 더할 나위 없이 광활합니다. 다만 사람들이 펼치는 법을 잊어버리고 있을 뿐이지요.

만약 모든 것을 초탈해 보다 높은 경지에 올라 바라본다면, 세상 모든 것은 원래대로 전혀 변함이 없을지라도 그 의미는 상당히 다를 겁니다. 『장자』에는 대진인이 들려주는 우화가 하나 실려 있습니다. 아주 작은 달팽이의 왼쪽 더듬이 위에 나라가 하나 있고, 또 오른쪽 더듬이 위에도 나라가 하나 있었습니다. 이 두 나라는 끊임없이 전쟁을 해서 사망자가 수천만에 이르렀지요. 달팽이 더듬이 위의 이 두 나라로 보건대, 싸움을 하는 당사자는 무척이나 긴박하여 참혹하게도 생명의 대가를 치르는 것도 마다하지 않습니다. 그러나 우리가 보기에 이러한 살상과 도륙은 그야말로 가소로운 것이지요. 왜 이처럼 차이가 나는 걸까요? 우리가 좀 더 높은 입장에서 그 사건을 관조하고 있기 때문입니다. 마찬가지 이치로, 곤붕과 같이 우주까지 높이 날아오른 입장에서 유한한 세계의 틀을 바라보면 인류의 여러 가지 행위라는 것도 결국 가소롭지 않을까요?

이는 한가로운 바다와 하늘이 있는 자연으로 물러나자는 말이 아닙니다. 도리어 "천 리까지 내다보는 눈을 가지고 한층 더 높이 올라가" 탁 트인 마음으로 더 넓고 밝게 보자는 이야기지요.

물은 배를 띄울 수도, 엎을 수도 있다

2

만약 물이 충분히 깊고 두껍게 쌓이지 않는다면, 큰 배를 띄울 수 있는 힘이 없을 것이다. 한 잔의 물을 대청마루의 작은 홈에 붓는다면 풀잎 하나를 띄워서 배로 삼을 수 있겠지만, 잔 하나를 띄우려고 한다면 그대로 땅바닥에 붙어 버릴 것이다. 이는 물이 너무 얕고 배는 너무 큰 까닭이다.

—「소요유」

한번은 가보옥이 "마침 「추수」 편을 요리조리 뜯어보며 가지고 놀았다. (설)보채가 안에서 나와서 보니 그가 문득 뜻을 얻어 말을 잊은 듯싶었는데, 또 가까이 가서 보니 마음이 답답하여 고뇌를 하는 듯도 싶었다. 그가 이같이 세상일과 동떨어진 말을 진지하게 일삼는 것을 곰곰이 생각해 보니 아무래도 온당치 않은 것 같았다. 그의 이런 모습을 보고 아무리 하지 말라고 권하여도 듣지 않으므로 곧 보옥의 곁에 앉아서 넋을 놓고 함께 멍하니 있을 따름이었다"라고 합니다. 이어서 이에 대해 한 차례 논쟁이 일었는데, 대부분은 불만을 표시하며 세상의 정도를 걸어야 한다고 주장하는 내용이었습니다(『홍루몽』 제118회). 하지만 설미인 또한 일찍이 이런 시를 읊은 적이 있었지요. "좋은 바람 자주 불어 힘을 빌려 주니, 나를 푸른 하늘 위까지 보내 주리라(好風頻借力 送我上青天)"(『홍루몽』 제70회). 이 시구가 지니고 있는 이면의 함의가 무엇이든 간에 표면적 의미는 결국 여기 「소요유」의 구절과 같다고 할 수 있습니다.

깊고 두껍게 쌓여서 비로소 날아오를 수 있을 때 곤붕이 날개를 펴는 것은 "구만 리 위로 올라가 바람이 그 아래 있은 뒤에야 그 바람을 탈 수 있"기 때문이지요. 삶에서의 성취는 대부분 수많은 노력과 고난을 견딘 뒤에야 비로소 얻어지는 것입니다. 설사 우연히 얻어지는 행운이라도, 예를 들어 길에서 황금을 줍는다고 해도 말입니다. 적어도 집 밖으로 나가기는 해야 그런 행운이 오지 않을까요?

세상일이란, 기쁨과 즐거움을 얻고 잃는 것도 모두 우리 손을 거치게 되는 것입니다. 붕새가 만 리를 나는 것은 사람들의 눈에 자유의 상징으로 보일 수 있습니다. 하지만 사실 바람을 타고 날아오른다는 것 또한 일종의 한계이자 부자유가 아니겠습니까? 『제해』에서는 붕이 "물을 삼천 리나 쳐 내면서 핑그르르 돌아 몸을 솟구쳐 구만 리를 날아오른다. 하늘에 올라 바람을 타면 여섯 달 동안이나 바람을 타고 간다"라고 했습니다. 바람을 타고 간다는 것은 바람에 의지한다는 것입니다. 붕새가 높이 날아올라 멀리 가기 위해서는 여섯 달이나 부는 큰 바람에 의지해야만 합니다. 그래야 그 기세를 타고 갈 수 있다면 자유로운 것일까요, 부자유한 것일까요? 칠석에 오작교에서 서로 만나는 견우와 직녀에게 물어보십시오. 그들은 일 년에 겨우 한 번 만날 수 있을 따름입니다.

사람이 더 아프다

3

아침에 태어나서 저녁에 말라 죽는 영지는 한 달이라는 시간을 알지 못하고, 봄에 태어나 여름에 죽거나 여름에 태어나 가을에 죽는 매미는 일 년이라는 시간을 알지 못한다.

—「소요유」

곤붕이 날개를 편다는 구절은 공간의 차원에서 매우 큰 경지를 보여 주었습니다. 여기 보이는 두 구절에는 시간의 차원에서 자아의 한계를 넘어서는 내용이 담겨 있습니다.

세상의 모든 사물은 시간과 공간 사이에 존재합니다. 사람들이 지닌 한계는 바로 이 두 가지 차원에서 오는 것이지요.

공간의 한계는 다소 직관적입니다. "산 밖의 푸른 산, 누대 밖의 누대"라는 시구에서 확인되는 것처럼 눈으로 볼 수 있는 것 이외에 또 다른 세계가 있다는 것, 아마도 그것은 머나먼 북쪽의 불모지(「소요유」에 보이는 "터럭 하나 나지 않는 북쪽 땅")이거나 서쪽의 극락정토일 겁니다. 그러나 시간의 한계는 공간의 형상과 비교하건대 훨씬 추상적이죠. 아프리카 초원의 동물들도 아득히 먼 곳에 있는 풍요로운 목초지를 보면 살기 좋은 곳이라는 것을 알고 산이 얼마나 높고 강이 얼마나 깊든 가리지 않고 온갖 험난한 장애를 극복하며 달려갑니다. 그러나 그들은 아마도 이처럼 공간을 이동하는 가운데 시간이 무정하게 흘러간다는 사실, 삶의 새로운 희망을 향해 달려가는 일이 결국은 죽음을 향해 달려가는 일이기도 하다는 사실을 이해하지 못할 것입니다.

동물들은 좀 더 현재를 충실히 살며, 사람은 좀 더 시간을 의식하고 시간의 의미를 이해합니다. 하지만 사람들도 종종 시간의 바쁜 걸음을 잊고 지냅니다. 특히 젊은 시절에 그러하지요. 시간의 강물 속에서 짧게 부유할수록 더 쉽게 그 존재를 무시하곤 합니다. 아침에 피어서 저녁에 시들어 버리는 영지는 그저 하루의 아침 저녁 속에만, 매미는 일 년의 봄과 가을 속에만 있기에 그 시간의 영속성을 전혀 이해하지 못하는 것입니다. 하지만 사람의 상황은 확실히 더욱 복잡하지요. 백 년의 삶이란 대체로 엇비슷하겠지만, 시간에 대한 유한한 의식은 도리어 매일같이 잃어 가는 시간과 비례하여 기회와 인연을 지키기 위해 기다리는 만큼 성장하는 것이기 때문입니다. 한마디로 말해서, 잃어버리는 것이 많을수록 더 많이 알게 되는 것입니다.

이러한 의미에서, 사람은 분명 더욱 아플 수밖에 없습니다.

마음속으로 편안함을 누릴 수 있으면 스스로 높아진다

4

온 세상이 찬미하더라도 그 때문에 더욱더 노력하며 분발하지 않고, 온 세상이 반대하더라도 그 때문에 더욱더 풀이 죽거나 실망하지 않는다. 그는 자기에게 내재하는 것과 몸 밖의 사물을 분명히 구분할 줄 알며, 영예와 치욕의 한계 또한 분명히 안다.

—「소요유」

사람은 사회 속에서 살아갑니다. 중국 문화에서 유가적인 전통은 특히 사람과 사람 사이의 관계를 중시하지요. 이른바 "임금은 임금답고 신하는 신하다우며, 아버지는 아버지답고 아들은 아들다워야 한다"(『논어』「자로」)와 같은 말은 각각의 사람들이 자신의 사회적인 역할을 잘 수행해야 한다는 점을 특별히 강조합니다. 이것은 물론 긍정적인 의미를 지닙니다. 어쨌거나 이러한 사회라야 안정되는 법이지요. 하지만 사회의 조직은 각각의 개인이 자기 권리의 일부를 양보하고 서로 협조한 결과로 구성되는 것이므로, 결국 자아의 욕망과 이익, 자유가 어느 정도 제한될 수밖에 없습니다. 어찌할 수 없이 그렇게 되는 측면이 있지요. 하지만 더 나쁜 상황은 적지 않은 사람들이 그와 같은 이치를 이해하지 못한 채 외재적인 가치를 경쟁의 목표로 삼고 지나치게 추구한 나머지 자아를 상실하는 지경에 이르는 것입니다.

장자가 의미하는 바는 바로 이 지점에서 눈에 띄게 드러납니다.

키워드는 "내재하는 것과 몸 밖의 사물을 분명히 구분"하는 데 있습니다. 무엇이 내 몸 밖의 사물이고, 무엇이 내 안에 내재하는 것인지에 대한 구별은 개인에게 있어서 무척이나 중요한 것입니다. 남과 관계를 맺고 지내는 일은 한편으로는 외재적인 것이지요. 어쨌든 나와 다른 개체가 관계를 맺는 일이니까요. 그러나 다른 한편으로 그것은 내 자신에 대한 일입니다. 외재적인 것과 별개로 자아의 내적 수요와 가치를 파악하고 유지하는 일이기 때문입니다. 자아의 내재적인 추구를 불 보듯 훤하게 알고 있다면, 외재적인 영욕은 더 이상 나를 좌

우하지 못합니다. 세상의 들끓는 논쟁거리들도 자아의 본성에 명백히 부합하는 것을 알면 "비록 천만 사람이 아니라 해도 나는 간다"(『맹자』「공손추」 상)라는 담대한 마음이 생겨 물러서지 않게 되는 겁니다. 또한 세상 사람 모두가 찬사를 아끼지 않더라도 마음을 들썩대며 스스로 기뻐하지 않는 것은, 하는 일이 외재적인 것을 얻기 위함이 아니라 스스로 추구하는 바에 뿌리를 두고 있기 때문입니다. 그러므로 외재적인 것들은 모두 무게를 둘 만한 것이 아니라는 이야깁니다.

이 세속적인 삶의 무대에서 이와 같은 태도는 매우 높은 경지를 보여 주는 것이라고 하겠습니다. 이와 같은 경지에 이른 사람은 마음속으로 편안함을 누릴 수 있어 스스로 높아진 것입니다.

정말 필요로 하는 것은 무엇인가

5

—

> 뱁새는 깊은 숲속에 둥지를 틀지만 가지 하나를 넘기지 않으며, 두더지는 황하의 물을 마신다 해도 배를 채우는 데서 더 나아가지 않는다.
>
> —「소요유」

장자는 「추수」 편에서 이미 사람이 하늘과 땅 사이에서 점하는 위치란 기껏해야 큰 산 속의 작은 바위 하나거나 작은 풀과 가지 따위라고 말했습니다. 작은 풀과 작은 바위는 큰 산의 관점에서는 송곳 하나 꽂을 곳에 불과하니 굳이 말을 할 것도 없지요. 이 작은 풀과 작은 바위의 필요는 물론 훨씬 더 적어질 수도 있습니다. 어쩌면 한 방울 이슬이나 한 줄의 햇볕일 수도 있지요.

사람이 한 세상을 사는 동안 정말 필요로 하는 것은 아주 적습니다. 문제는 사람의 마음이 필요로 하는 것, 그 욕망이 무지막지하게 크다는 사실이지요. 옛날의 제왕들은 삼천 명의 아름다운 미녀를 후궁에 두었지만 평생 한 명의 사랑하는 사람을 얻어 행복하기도 어려웠지요. 요즘 여성들이 신는 신발은 높고 낮고 뾰족하고 둥글고 온갖 형태를 갖추고 있지만, 한 종류의 신발이 10년 동안 유행하는 일은 거의 없습니다. 이러한 만족은 허구의 욕망이라고 할 수 있으며 실재적인 삶의 필요는 아니라고 할 것입니다. 장자는 가장 실재적인 삶의 입장에서 진실된 말을 전하고 있는 셈입니다.

만족함을 알아야 늘 즐겁다는 말이 있지요. 아무것도 가진 것이 없다고 하면 아마도 즐겁기가 매우 어려울 것입니다. 그러나 몸을 쉴 만한 가지 하나, 배부르도록 먹을 음식을 갖추고 난 뒤라면, 점점 더 많은 것을 가진다고 해서 점점 더 즐거워지는 것은 아닐 것입니다. 어린 시절의 소소한 즐거움을 돌이켜 볼 때, 사람들은 종종 그 즐거움이 더욱 풍부한 유형의 자원 위에 세워진 것은 아니었다는 사실을 깨닫게 되지요. 오늘날 물질적 삶의 수준 향상은 의심할 여지가 없는 것이지만, 조사에 따르면 행복감은 절대로 이와 비례하지 않는다고 합니다. 오히려 그와는 반비례하는 경우도 있지요. 이 모두가 한 가지 이치를 말하고 있는 것이 아닐까요?

요리사를 얕잡아 본 것이 아니다

6

> 요리사가 음식을 제대로 만들지 않았다고 해서 제사를 관장할 좨주가 제기를 내려놓고 그 일을 대신하러 갈 수는 없다.
>
> ―「소요유」

이 내용이 바로 '월조대포(越俎代庖)'라는 고사성어의 출처로서, 고대 중국의 전설 속에서 유명한 허유라는 은사의 입에서 나온 말을 인용한 것입니다.

당시는 성군인 요 임금의 치세였습니다. 천하가 잘 다스려져서 유가에서는 황금시대로 여기던 때였지요. 하지만 어찌된 연유에선지 요 임금은 천하를 허유에게 양보하고자 했습니다. 허유는 물론 이를 거절했습니다. 우선은 요 임금을 칭송

했지요. "임금께서 이미 천하를 이렇게 질서정연하게 잘 다스리고 계시는데, 어찌 제가 당신을 대신하겠습니까? 설마 제가 그런 명분을 바라겠습니까?" 그러다가 결국 위와 같은 말을 하게 된 것이지요.

글에서 분명히 드러나는 것처럼 허유는 자신을 '쵀주(尸祝)'에, 요 임금을 '요리사(庖人)'에 비유하고 있습니다. 쵀주와 요리사는 확실히 서로 다른 직분을 가지고 있습니다. 쵀주는 제사에서 매우 중요한 역할을 담당하는 사람이고 요리사는 그저 부엌일을 관장하는 사람일 뿐이니, 마땅히 제사와 관련된 제수들을 다루는 일에서 두 사람이 어떠한 위치를 점하고 있는지는 매우 분명히 드러날 것입니다. 나중에 혜강은 이 쵀주와 요리사의 전고를 들어서 스스로를 쵀주로 여기고 함께 죽림을 노닐다가 나중에 출사해 관직에 나아간 산도를 요리사에 비유한 바 있습니다. "그대가 승진했다는 소식을 들으니 기분이 아주 좋지 않군. 그대가 한낱 '요리사'에게도 미치지 못해 부끄러워하며 '쵀주'까지 함께 끌어들이려고 칼을 잡고 휘두르니 온 데서 피비린내가 난단 말일세(「산도에게 보내는 절교의 편지」)"라고 썼지요. '쵀주'인 혜강이 '요리사'인 산도를 깔보는 태도가 역력히 드러나 보입니다. 적어도 『장자』에 능통한 이 죽림의 명사의 눈에 쵀주와 요리사가 어떤 신분상의 경중을 지녔는지는 확실히 알 수 있지요.

그러나 『장자』가 원래 이 글에서 속세를 떠나 은거 생활을 하는 것과 세상을 다스리겠다는 포부를 지닌 것, 다시 말해 서로 자기를 높이고 남을 낮추고자 애쓰는 일을 지적하는 데 다름이 없었던 도가와 유가의 의도는 오늘날에는 이미 퇴색할 대로 퇴색해 남아 있지 않습니다.

보아도 보이지 않고
들어도 들리지 않고

7

장님은 옥돌의 아름다운 무늬를 볼 수 없고, 귀머거리는 종과 북 울리는 소리를 들을 수 없다. 육신의 감각 기관에만 장님과 귀머거리가 있을까? 마음의 지혜에서도 장님과 귀머거리가 있다.

—「소요유」

인간의 오감이 서로 조화를 이루기 때문에 우리는 이 세상에 대해 비로소 알게 됩니다. 어느 한 부분이라도 결함이 있다면 아주 골치 아픈 문제가 되지요. 예를 들어, 눈이 보이지 않는다면 공간 감각이 아주 많이 떨어질 겁니다. 그리고 이 세상이 전혀 아무런 색깔도 존재하지 않는 곳이 되겠죠. 귀가 멀어버리면 세계는 죽은 듯 고요해질 겁니다. 바람 소리나 새 울음

소리마저 사라지고 어떤 음악도 들리지 않게 될 겁니다. 이런 일이 일어난다면 우리는 얼마나 망연자실하게 될까요.

그러나 더욱 두렵고 동정받기 어려운 일은 육체적인 측면의 결함이 아니라 정신적인 것입니다.

일찍이 마르크스는 음악을 이해하지 못하는 귀에는 가장 아름다운 음악이라도 의미가 없다는 말을 했습니다. 이와 같은 귀는 물리적으로 전혀 아무런 문제도 없지만, 음악에 대해서는 귀머거리의 귀보다 더 거칠거나 서툴 수 있습니다. 귀머거리의 귀는 그저 듣지 못하는 것이니 오직 고요함 속에 있을 뿐이지만, 음악을 이해하지 못하는 귀에 그 음악은 그저 시끄러운 소음일 뿐이기 때문입니다.

그러므로 정신적인 폐쇄 상태 또는 제한적인 견문이나 편협한 경험만으로 광활하고 복잡하고 풍요로운 세계를 대면하는 것은 일종의 아집이거나 퇴행이거나 수축이고 또한 자기 고립이라고 할 수 있습니다. 아니면 오만함으로 인해 자신을 과대평가하고 그 정당성을 과신하면서 자신과는 다른 모든 것을 배척하고 부정하는 태도를 꼽을 수도 있겠습니다. 그의 눈에는 세상의 다른 사건이나 사물이 보이지 않고, 그의 귀는 다른 말과 사실들을 들을 수 없는 것입니다. 그러나 이 모든 것은 마음속에서 어떠한 흔적도 남기지 못할 것이니 아무것도 보지 못하고 듣지 못한 것이나 다름이 없습니다.

이러한 상황은 다음과 같은 성어로 묘사될 수 있을 겁니다. "보아도 보이지 않고 들어도 들리지 않는다(視而不見 聽而不聞)."

말의 냄새와 맛

8

—

큰 지혜는 광대하면서도 막힘이 없고, 작은 지식은 세밀하고 번잡하게 나뉜다. 큰 말은 불꽃처럼 타올라 사람을 압도하지만, 작은 말은 시끄럽게 조잘거리며 끊이질 않는다.

—「제물론」

장자가 살았던 시대는 그가 보기에 난세였습니다. 사회는 격렬한 변동을 겪었고 온갖 문제들이 들끓었지요. 사람들은 온갖 고통을 감내하는 동시에 물론 그 문제들을 해결하고자 했습니다. 이른바 백가쟁명의 시대는 아마도 이렇게 해서 도래한 것이겠지요. 그것은 수많은 목소리들이 함께 터져 나온 시대였습니다. 사상가들이 관심을 가졌던 문제는 각기 다릅니다. 어떤 사상가는 국가의 계획과 민중의 삶이라는 뜨거운 논점에 직접 집중하고 의견을 제시했습니다. 유가라든지 법가가 그랬지요. 어떤 사상가는 특정한 직업의 관점에서 세상을 구제하는 방안을 내놓았습니다. 묵가라든지 농가가 그랬습니다. 어떤 사상가는 난세 속에서 자기 자신의 생존과 보전의 문제를 고민했지요. 양주와 같은 이가 대표적입니다. 어떤 사상가는 하늘과 땅, 우주와 인간의 관련성에 집중했습니다. 음양가가 그랬지요. 어떤 사상가는 사람들이 말을 하는 논리에 집중했지요. 혜시나 공손룡 같은 이들이 그러했고, 이들의 생각은 한 가지로 다 포괄할 수가 없습니다.

장자도 이 온갖 말들에 대해서 나름의 성찰과 소감이 있었습니다. 여기서는 각 사상 학파에 대한 구체적인 비판을 언급하지는 않겠습니다. 그저 각 학파의 사상과 논쟁의 스타일과 품격에 대한 장자의 평가는 매우 포괄적이면서도 분명하다는 점을 밝혀 두겠습니다.

큰 지혜를 전하는 말은 아주 중대한 문제를 다루고 있을 뿐 아니라 그 말을 하는 기세 또한 저절로 웅장해지기 마련입니다. 예를 들어, 맹자는 "내 어찌 논쟁을 잘하는 것이랴, 나는 어찌할 수 없이 그리 된 것이다"(『맹자』「등문공」 하)라고 스스로 인정하기도 했습니다. 맹자가 다른 사람을 욕하기 시작하면 정말이지 엄청나게 살벌했습니다. 예를 들어, 다른 사람이 아비도 군주도 모른다고 비난했는데("양주가 자기를 위하는 것을 보면 군주도 몰라보는 지경이고, 묵자가 겸애를 주장하는 것을 보면 아비도 몰라보는 지경이다"), 그 주장은 강한 어투와 어휘의 힘으로 이치를 압도함으로써 다른 사람에게 강한 인상을 남깁니다. 한마디로 기세의 승리라고 하겠습니다. 또한 끊임없이 조잘대는 '작은 말'이나 자질구레하고 번잡한 '작은 지식'이라는 것은 틀림없이 명가를 겨냥하고 있을 것입니다. 「천하」 편에서 장자는 혜시를 두고 "말을 하면 쉴 줄 모르고, 너무 많이 해서 그침이 없으니, 오히려 부족한 것만 같다"라고 비판했습니다. 여기서 '시끄럽게 조잘댄다'라는 표현이 나옵니다. 하늘과 땅이라는 큰 이치의 관점에서 보면 '모기나 등에의 수고로움'과 같은 세밀하고 번잡함이라고 하겠습니다.

장자가 말한 것은 비록 그가 속한 시대의 사상과 논쟁에 대한 관조였지만, 그럼에도 불구하고 보편적인 가치를 지닌 것처럼 보이지 않습니까? 우리가 '광대하면서도 막힘이 없'거나 '세밀하고 번잡하게 나뉘'거나 '불꽃처럼 타올라 사람을 압도'하거나 '시끄럽게 조잘거리는' 생각들과 말들을 귀로 듣고 눈으로 볼 때, 어쨌거나 우리는 어느 정도 그 냄새를 맡고 맛을 볼 수 있지 않은가요?

삶을 되돌아보는 슬픔

9

일단 이 같은 형상을 받아들이고 나면 다시는 변화하지 못하고 삶의 끝이 다가올 때까지 기다릴 수밖에 없다. 인간의 삶과 외부 세계의 만물은 서로 접촉하고 충돌하면서 시간이 지나가는 것을 눈 뜨고 보면서도 막을 방법이 없으니 어찌 슬프지 않은가? 평생 바삐 달리면서 수고를 다한다 해도 특별한 성과를 내지 못하고 도대체 무엇을 위해 이렇게까지 하는지 알지 못하니, 어찌 가엾다 하지 않겠는가?

—「제물론」

생명의 유한함에 대해, 우리는 모두 그것을 의식하고 있습니다. 빨리 깨닫든 늦게 깨닫든, 옅게 느끼든 강렬하게 느끼든, 이런 의식은 누구에게나 있지요.

장자는 이와 같은 삶의 부질없음에 대해 누구보다 민감하게 느꼈고, 삶이란 본디 고통의 과정이라고 생각했습니다.

대자연과 인간 사회의 갖은 풍파와 위험한 고비 등에 대해, 사람들은 그에 순응하거나 그것을 거스르면서 결국 어떤 성취나 수확을 거두지요. 이는 외부 사물의 차원에서 설명한 것입니다.

그보다 더 장자의 영혼을 뒤흔들어 놓았던 것은 심리적인 차원에서의 고통이었습니다. 눈앞에서 자신의 생명이 종점을 향해 빠르게 달려가는 것을 보지만, 어떻게 해도 그 시간을 붙들어 둘 수가 없다는 사실을 깨닫는 것 말입니다. 어쨌거나 평생 동안 온갖 고생을 다 해왔으니 돌이켜 생각해보면 한마디 말로는 이루 다 전할 수도 없는데, 그 모든 것이 대체 무엇을 위한 것이었느냐고 물어보면 할 수 있는 말이 없다는 사실.

몸과 마음이 모두 완전히 피폐해지는 것, 이것이 삶의 감각이라고 합니다. 사람은 모두 삶의 과정 속에 있지만 장자는 보통 사람들보다 높은 곳에 있어서 그 과정을 넘어서는 정신적 초월의 경지에서 삶을 반추하는 것입니다. 이와 같은 관조는 사람들에게 놀라움과 전율을 안겨 주며, 그 놀라움과 전율은 우리가 일반적으로 생각하는 것보다 한 차원 더 나아간 어떤 것이라고 하겠습니다.

그의 모든 것을 사랑한다는 것, 결점을 포함해서

10

이치라는 것은 작은 성과에 의해 가려지고, 말이라는 것은 화려한 수사에 의해 가려진다.

—「제물론」

"말이라는 것은 화려한 수사에 의해 가려진다." 이 말은 비교적 쉽게 이해가 갑니다. 화려한 미사여구는 종종 진심이 담긴 말의 참뜻을 가려 버리곤 하지요. 오늘날의 세계를 생각해 보면, 한 가지 사건에 대해서도 서로 다른 입장의 말들이 존재하고 정보는 넘쳐나는데, 도대체 무엇이 진리인지는 알기가 더 어려워지고 있습니다. 왁자지껄한 소음은 사람들이 고요하게 진리의 소리에 귀를 기울이기 힘들게 만들지요.

"이치라는 것은 작은 성과에 의해 가려진다." 이 말은 아무래도 약간의 설명이 필요할 듯합니다.

장자는 큰 이치라고 하는 것이 일종의 전체라고 생각했습니다. 세상의 만물은 모두 이치 안에서 서로 통하고 어우러지는 것이지요. 만약 우리가 어떤 한 부분을 돋보이게 하고 두드러지게 만든다면, 그 돋보이고 두드러진 부분은 일단 어느 정도 성과를 보이는 것처럼 느껴지겠지만, 실제로 전체 이치의 관점에서 본다면 역시 어떤 부분의 훼손이 되는 겁니다. 예를 들어, 큰 나무를 잘라서 들보나 서까래를 만드는 것은 물론 좋은 일이겠지만, 그런 경우 곁가지나 잎은 어찌 될까요? 그런 부분들은 버려지고 말 것이니 훼손이라고 할 수 있겠습니다. 곁가지나 잎만 훼손되는 것이 아니고, 다른 한편으로는 멀쩡하게 서 있던 나무 한 그루가 사라지는 것이니, 이 또한 훼손이 아니겠습니까?

아마도 어떤 사람들은 이렇게 말할 겁니다. 그것들은 쭉정이를 버리고 알곡을 취하는 이치와 같지 않습니까? 무엇이 나쁘다는 겁니까? 장자는 이에 대해 동의할 수 없다고 했습니다. 「추수」 편에서 올바르다고 하는 것만 취하고 그르다고 하는 것은 모두 버리는 것이 왜 온당치 않은지에 대해 나름의 대답을 보여 주었지요. "이것은 천지와 만물의 이치에 밝지 못한 것이다. 어찌 하늘만 있고 땅이 없으며, 양만 있고 음은 없을 수 있겠는가?" 세상 모든 것은 서로 상대되는 짝으로 이루어집니다. "모든 사물은 서로 상대적으로 대비를 이루는 것이지, 하나만 단독으로 이루어지는 경우는 없다." 만물에는 양면이 있는 법이지요. 중국 근대의 홍일법사(弘一法師) 리수퉁 큰스님도 원적 전에 다음과 같은 유언을 남겼습니다. "슬픔과 기쁨이 교차한다." 삶 전체를 놓고 보자면, 모두가 그렇지 않을까요? 즐거움만큼 슬픔도 있는 겁니다.

그래서 우리는 서로를 이해하면서 마주하고 더 관대하게 공감하며 알아가는 마음을 가져야 하는 겁니다. 어떤 사람에게 좋은 면이 있다면 우리는 물론 기뻐하고 그것을 마음에 들어 할 겁니다. 하지만 그처럼 좋지는 않더라도, 또는 아주 나쁜 부분이 있더라도, 사실 그것은 필연적으로 그렇게 될 수밖에 없는 요인을 가지고 있을 겁니다. 연애를 할 때는 종종 그런 말들을 합니다. 상대방의 모든 것을 사랑한다, 상대방의 결점까지도 사랑한다고 말이죠. 장자도 연애할 때 틀림없이 그런 생각을 했을 겁니다.

저를 알고 나를 아는 것

11

세상의 모든 사물은 자기 몸 밖의 것을 대상으로 간주하기에 '타자' 아닌 것이 없고, 스스로를 주체로 인식하기에 '자아'가 아닌 것도 없다. 대상의 관점으로 보면 무엇이든 분명하게 알기가 쉽지 않고, 주체의 관점으로 보면 무엇이든 잘 이해할 수 있게 된다.

—「제물론」

'저것'과 '이것', '타자'와 '자아', 객체로서의 '사물'과 주체로서의 '나'의 관계는 모두 상대적으로 이루어지는 것입니다. 보통 사람은 자신의 입장에 서서 저쪽과 이쪽을 구분하고 타자와 자아를 구분합니다. 이것은 어찌할 수 없는 상황이지요. 그러나 장자는 이 상황에 대해 분명한 자기 인식이 필요하다는 사실을 우리에게 깨우쳐 줍니다. 이와 같은 입장이 제한적이며 결함이 있다는 사실을 인식하도록 하는 것입니다. 자신의 관점에서만 보면 종종 상대방의 실질적인 상황을 충분히 이해하지 못하지요. 그러나 자신의 일에 대해서는 상대적으로 명확히 파악하고 있겠지요. 말하자면, 사람은 종종 공감이라든지 이해가 부족하게 되는 것입니다.

비록 자신을 이해한다고 쉽게 말하기는 하지만, 자기 자신을 철저히 알고 이해하는 일도 결국은 일반적인 상황에 준해서 이루어지지요. 그래서 자신의 한계를 알면 더 포괄적인 관점에서 다른 사람을 바라보게 되고, 비로소 더 고결한 품덕을 지니게 되는 것입니다.

맹자가 일찍이 이런 말을 한 적이 있습니다. “일정한 생산이 없는데도 일정한 마음을 유지하는 사람은 오직 선비뿐이다. 만약 보통 사람이라면 일정한 생산이 없는 한 일정한 마음도 없다.”(『맹자』「양혜왕」 상)

그가 말한 ‘일정한 생산’이라는 것은 일종의 한계입니다. 사람이란 이익이 확실해질 때 비로소 일정한 믿음을 갖는 것입니다. 그러나 이익이 얼마가 됐든, 이익이 어디에 있든, 서로 다른 사람들이 처하는 위치가 서로 다르기 때문에 그에 대한 믿음도 서로 다르기 마련이지요. 맹자가 이른바 ‘선비(士)’라는 사람만이 이러한 계층과 이익의 존재를 초월해 나름의 신념을 유지하며, 이러한 신념은 보편성을 지니는 것으로서 최대한 공동체를 위한 고려에서 비롯되는 것입니다. 그래서 그가 보고 아는 것은 다만 자아에 국한되지 않으며 저를 알고 나를 알게 되는 것입니다.

장자는 이렇게 우리를 깨우칩니다. '피차의 구분을 넘어서는 것이야말로 나를 알고 저를 아는 것이다'라고.

『장자』를 말하는 것이 아니라면

12

저 사람이 말하는 것 또한 시비의 판단이 있고, 이 사람이 말하는 것 또한 시비의 판단이 있다.

—「제물론」

사람은 언제나 자신이 상대방의 잘못을 정확하게 보고 있다고 생각합니다. 그래서 각자가 시비에 대한 판단이 있는 것이지요. 하지만 이쪽과 저쪽, 자아와 타자가 모두 상대적인 것이고, 서로 다른 입장에 서 있는 것이라면, 사람마다 서로 다른 시비에 대한 판단이 있는 것이겠지요. 이쪽과 저쪽, 자아와 타자의 차이는 우리 세계 전체를 이루는 한 부분입니다. 장자가 말하고자 하는 것은 사실 각각의 시비 판단에만 집착하지 말자는 것입니다. 각각의 시비 판단이라는 것은 결국 어떤 식으로든 치우친 시비 판단이니, 그것에만 집착하면 결국 자신을 한 모퉁이에 가두고 커다란 진리로부터 멀어지게 할 뿐이라는 사실이지요.

그러나 후대 사람들은 장자가 고심해서 뱉어 낸 이 말을 삼가 지키지 않고 그저 종종 핑곗거리로 삼으며 자기 입장을 유지하는 데 사용하곤 합니다. 신문학 운동 초기에 활동했던 백화 시인이자 성공하지 못한 정치 인물 가운데 한 사람인 캉보칭(康白情)은 베이징 대학에서 공부할 때 자주 지각했습니다. 『장자』에 대해 깊이 있게 연구한 마쉬룬(馬敍倫) 선생이 당시 『장자』를 강의하고 있었는데, 그때도 캉보칭이 여느 때처럼 지각했다고 합니다. 한번은 마 선생님이 한창 강의에 열을 올리고 있는 순간 캉보칭이 또 문을 열고 들어왔으므로 선생님이 더 이상 참지 못하고 『장자』를 내려놓은 뒤 캉보칭에게 도대체 왜 그러는 거냐고 물었습니다. 캉보칭이 대답했습니다. "먼 곳에 삽니다." 마 선생님은 그 즉시 화가 치밀어 올랐습니다. "자네는 취화 후퉁(胡同, 북경의 작은 골목을 가리키는 말)에 살지 않나? 길 하나 건너편이고, 삼 분에서 오 분이면 도착하는데, 그런데도 멀다고 말하는 건가!" 캉보칭은 이어서 말했습니다. "선생님은 『장자』를 강의하시지 않습니까? 장자가 그런 말을 했습니다. '저 사람이 말하는 것 또한 시비의 판단이 있고, 이 사람이 말하는 것 또한 시비의 판단이 있다.' 선생님께서는 가깝다고 생각하시지만, 저는 멀다고 생각합니다." 마 선생님은 순간 말문이 막히고 화가 난 나머지 그대로 수업을 마치셨다고 하네요.

아쉬운 것은 마쉬룬 선생님이 하필 『장자』를 강의하셨다는 사실입니다. 만약 강의하시던 것이 『논어』였다면 공자께서 한낮에 늘어지게 잠을 자던 재여를 꾸짖었듯이 캉보칭을 욕할 수도 있었을 텐데 말입니다. "썩은 나무로는 조각을 할 수 없지!"(『논어』「공야장」)

자신의 길은
자신이 가는 것

13

길이라는 것은 사람이 다녀서 만들어지는 것이다. 사물이라는 것은 사람이 이름을 붙여서 의미가 생기는 것이다.

—「제물론」

루쉰은 일찍이 다음과 같은 명언을 남긴 적이 있습니다. "세상에는 원래 길이 없었다. 다니는 사람들이 많아지니, 그대로 길이 된 것이다."(「고향」) 이와 같은 뜻을 장자는 위의 글을 통해 이미 밝혔던 것입니다.

현대 사회에서, 우리는 길에 대해 그다지 특별한 느낌을 갖지 못합니다. 길이라는 것은 이미 존재하는 것이고, 우리 앞에 펼쳐져 있어서 설사 '문을 걸어 닫고 차를 우리지' 않더라도

'문을 나서면 그대로 길이 있는' 상황에 놓여 있습니다. 문을 열고 집을 나서면 어디든 길인 거지요. 그러나 이러한 길은 원래부터 있던 것이 아닙니다. 길은 사람들이 어디론가 다니기 시작하면서 만들어진 것입니다.

이미 존재하는 길을 다닐 때, 우리는 선택의 문제에 직면합니다. 미국 시인 프로스트의 시 중에 「가지 않은 길(The Road Not Taken)」이라는 제목의 시가 있지요. 시인은 노란 잎이 우거진 숲속에서 고요하고 한적한 두 갈래 작은 오솔길을 발견하고, 결국 그중에 더 조용한 길을 선택하지요. 수많은 시간이 흐른 뒤, 시인은 처음 그때의 결정을 돌이켜 생각하며 그 선택이야말로 자신의 일생을 결정지은 중요한 선택이었다는 사실을 절감합니다.

> 나는 사람들이 덜 밟은 길을 택했고,
> 그리고 그것은 모든 것을 바꾸어 놓았다.

> I took the one less traveled by,
> And that has made all the difference.

걸어가야 할 길을 결정하는 과정이 시인에게 인생에 대한 감상을 불러일으킨 것입니다. 그렇지요. 인생의 길은 형태가 없는 듯하지만, 그래도 같은 이치를 따릅니다. 게다가 우리는 어떤 길이라도 다른 사람이 이미 밟은 것과 같은 길을 따라갈 수가 없지요. 사람들은 오직 그 자신의 길을 직면하고 스스로 그 길을 선택하며 나아갈 수밖에 없으니까요.

지금 이 순간을 살고 있는 모두가 기뻐하는 쪽으로

14

원숭이를 키우는 사람이 도토리를 주면서 말했다. "아침에는 세 개, 저녁에는 네 개다." 원숭이들이 모두 화를 내므로 말했다. "그렇다면 아침에는 네 개, 저녁에는 세 개를 주마." 원숭이들이 모두 기뻐했다.

—「제물론」

옛날과 오늘날 사이에는 놀라운 연관성이 있지만 단절도 존재합니다. 이것은 일반적인 상황이지요. 언어의 표현에 있어서도 그러합니다. 예를 들어, '조삼모사(朝三暮四)'라는 말은 오늘날 마음을 정하지 못하고 이랬다저랬다 하면서 시시때때로 변화한다는 뜻으로 자주 쓰입니다. 이 고사성어의 출전이 바로 『장자』이지요. 하지만 원래의 뜻은 이와는 완전히 달랐습니다.

장자는 세상의 만물이 하나로 어우러지는 것이라고 생각했고 억지로 시비를 가리거나 나누어서는 안 된다고 생각했습니다. 그러나 세상 사람들은 종종 이 점을 이해하지 못하고 한 가지 사실과 사물, 한 가지 방향에만 집착하기 때문에 전체적인 시각에서 전부를 관조하지 못하는 것이지요. 바로 이 이야기 속의 원숭이들과 같습니다. 아침에 도토리를 받는 것이 적으니 불쾌하게 여기며 저녁에 하나 더 받을 수 있다는 점을 연관 지어 생각지 못합니다. 반대로 원숭이들에게 저녁에 줄 것을 줄여서 아침에 하나 더 준다고 하니 모두가 즐거워합니다. 분석하건대, 원숭이들은 눈앞의 이익에 급급한 것이라 할 수 있습니다. 그것도 이상한 일은 아니지요. 동물들은 원래 지금 이 순간만을 삽니다. 그들에게는 역사관이나 미래에 대한 계획이 존재하지 않으니까요.

사람과 원숭이는 매우 가까운 부류입니다. 원숭이가 저지르는 잘못을 사람들도 종종 저지르지요. 우리도 눈앞의 일에만 연연해서 성공과 이익을 탐하느라 멀리 내다보고 생각하지 못하는 일이 있지 않던가요? 이 순간의 현재와 미래는 모두 우리 자신이 경험해야만 하는 것입니다. 현재를 위해 미래를 돌아보지 않을 수는 없지요. 달걀을 얻기 위해 닭을 죽이는 잔꾀는 그 극단적인 사례라고 할 수 있습니다.

전체를 모두 아우르는 시야를 가진 사람은 많지 않습니다. 충분히 똑똑한 사람이라도 역시 다른 사람들과 함께 어울려야 하는 문제가 존재하는 법이지요. 원숭이를 기르던 글 속의 사람처럼 무리의 바람을 읽어 내고 따를 필요가 있는 것입니다. 하지만 궁극적으로는 마찬가지 결과가 되도록 해야 하지요. 도토리의 숫자는 변화하지 않을 겁니다. 중요한 것은 모두가 좋아하는 쪽으로 결정할 필요가 있다는 사실이죠.

원숭이만 기뻐하는 게 아닙니다. 가만히 귀를 기울이면 어디선가 희미하게 장자의 웃음소리가 들리는 듯합니다.

우리는 어디서 세계를 보는가

15

천하의 사물 가운데 가을 터럭의 끝보다 더 큰 것은 없으며 태산은 도리어 작고, 요절한 아이보다 더 장수하는 존재는 없으며 팽조와 같은 신선은 도리어 단명하다고 할 것이다.

—「제물론」

태산은 전국 시대에 이미 높고 큰 것의 대명사가 되었습니다. 이사는 진시황에게 다른 제후국에서 온 인재들을 쫓아내지 말라고 권유할 때 이렇게 말한 적이 있지요. "태산은 흙을 다른 데 내주지 않아서 그토록 크게 될 수 있었던 것이고, 하해는 작은 물줄기조차 가리지 않고 받아들였기에 그토록 깊어질 수 있었던 겁니다. 임금이 수많은 사람을 거절하지 않고 받아들여야 비로소 그 덕이 밝아질 수 있는 것이지요."(「간축객서」) 그러나 장자는 여기서 도리어 '천하'라든가 '태산'이 도리어 작다고 말합니다. 정말이지 아주 이상한 말이 아닐 수 없습니다.

그러나 얼핏 보기에 황당무계한 이 말 뒤에는 사실 장자의 탁견이 감추어져 있습니다.

사람들이 사물을 대할 때는 특정한 입장과 관점이 존재하는 법입니다. 개미는 작고 코끼리는 크다고 말할 때, 우리는 그 형태를 기준으로 삼고 있는 것이지요. 그러나 일반적으로 이러한 기준은 특별히 제시되지 않습니다. 그래서 때때로 우리 자신조차 그러한 판단이 비교라는 방식의 기초 위에서 내려진 것이라는 사실을 잊어버리고 마는 것이죠. 장자가 특별히 강조한 것이 바로 이 점입니다. 사물 사이의 관계나 상황이라는 것은 상대적인 비교를 통해 확정되는 겁니다. 그렇다면 서로 다른 입장에서 서로 다른 관점을 적용해 본다면, 하나의 사물에 대한 판단도 달라질 수 있습니다. 심지어 때로는 우리가 일반적으로 가지고 있는 인상과는 전혀 상반되는 결과가 나올 수도 있지요. 가을 하늘을 가로지르는 새들의 몸에는 새로 미세한 털들이 나기 마련입니다. 그러나 더욱 미세한 존재의 입장에서 본다면, 그것은 더할 나위 없이 거대한 대상이 될 것입니다. 태산은 우리 인류의 관점에서 보면 물론 매우 높고 클 수 있지만, 천지의 관점에서 보자면 역시 너무 작아서 말할 것도 없는 존재가 될 수 있습니다. 아침에 태어나 저녁에 죽는 작은 벌레의 관점에서 보면 미성년이 되기도 전에 요절한 아이의 수명도 상상할 수 없을 만큼 긴 것이 되고, 팔백 살을 살았다는 신선 팽조도 바다가 변해서 땅이 되는 우주적인 관점에서는 지극히 짧은 한순간인 것이지요. 그래서 장자의 말이 비록 괴상하기는 하지만, 그 이면에는 역시 그 나름의 독특한 사유가 존재하고 있습니다. 장자는 이런 방식으로 세상 사람들에게 이 세상에 존재하는 어떤 것도 고정불변하지 않다는 사실을 깨우쳐 주지요.

이와 같은 사유의 합리성은 「추수」 편의 앞머리에 있는 하백과 북해약의 대화 속에서 더더욱 분명하게 드러납니다. 하백은 처음에 자신이 한없이 넓다고 생각하지만, 북해약 앞에 이르러서야 비로소 진정한 한도 끝도 없음에 대해 알게 됩니다. 그때서야 바다의 거대함을 눈으로 훤히 보게 된 것이지요. 그러나 북해약은 이어서 자신은 하늘과 땅의 거대함에 비하면 한 알의 좁쌀에 불과하다는 점을 지적합니다. 바다의 '거대함'이 순식간에 '사소함'으로 전환되는 것은 시점의 입장과 관련된다는 사실을 깨닫게 되지요.

사람들이 보통 사물을 대할 때에도 이와 같은 생각을 한다면 깨우치는 바가 더 많지 않을까요?

더 이상
고독하지 않다

16

하늘과 땅은 나와 함께 살며, 만물과 나는 하나가 된다.

—「소요유」

고전들은 매우 흥미로운 도입부로 시작합니다. 첫 부분만 보아도 그 저작이 포괄하는 정신세계를 어느 정도 알 수 있는 것이죠.

『논어』는 "배우고 때때로 그것을 익히니, 또한 즐겁지 아니하랴"(「학이」)라는 말로 시작하는데, 이로써 "애써 배우고 배우기를 즐긴다", "늙음이 이르러 옴에도 알지 못한다"(「술이」)라는 교육가의 형상을 드러냅니다.

『맹자』의 도입부는 양나라 혜왕을 만나 유세를 하는 장면으로 시작합니다. 열국을 주유하며 교묘한 언사와 웅변으로 자신의 정치적인 이념을 적극적으로 설파하는 맹자의 모습을 강조하고 있지요.

『장자』의 도입부는 물고기 곤이 붕새로 변해 날개를 펴고 광대한 세계를 향해 떨치고 나가는 그림을 보여줍니다. 여기에는 사람이 있을 뿐 아니라 물고기와 새, 커다란 바다와 하늘이 있지요. 그것은 삼라만상을 포괄하는 세계입니다. 그저 사람의 세계에 그치는 것이 아니지요.

이야말로 우리가 살고 있는 진정한 의미의 세계입니다. 만물이 한데 어우러지며 함께 나고 자라며 저마다 자신의 색채와 소리를 내는 세계지요. 이러한 세계에서 장자는 자신을 펼쳐 보이며, 사방으로 시야를 열고 팔방의 소리에 귀를 기울입니다. 하늘과 땅 사이 어느 곳이든 자유롭게 거닐며 커다란 흐름에 몸을 맡기고 움직이지요. 이는 천지와 더불어 나고 만물과 하나가 되는 상황이라고 할 수 있습니다. 이러한 상황 속에서 사람은 더 이상 고독하거나 유한한 존재가 아니라 외재하는 세계와 융합하고 상통하는 아무런 장애도 갖지 않는 개체가 되는 것입니다. 사람은 헤엄치는 물고기의 즐거움을 경험하기도 하고 꿈속에서 큰 나무와 내화를 나누기도 하지요. 그래서 더 이상 인간이라는 생물 종의 입장에서가 아니라 만물의 관점에서 그 마음을 이해할 수 있게 됩니다. 이쪽과 저쪽의 깊은 골을 넘어서 온 우주의 박동과 함께하는 것이지요.

이것은 공리의 경지나 도덕의 경지가 아니라 "홀로 천지의 정신과 왕래하는"(「천하」) 우주의 경지입니다.

미인을 보기가 두려워라

17

모장과 여희는 사람들이 아름답다고 여기는 바이나, 물고기는 이들을 보면 깊이 가라앉고, 새는 이들을 보면 높이 날아오르며, 사슴은 이들을 보면 재빨리 달아나 멀리 숨는다.

—「제물론」

고대 그리스의 철학자 소크라테스는 일찍이 사람들과 아름다움이 무엇인지에 대해 토론하면서 몇 차례나 다음과 같은 결론에 이른 적이 있습니다. 아름다움은 어려운 것이다. 위의 장자의 글에서도 "아름다움은 어려운 것"이라는 생각이 쉽게 발견되지요.

물론 장자의 생각은 소크라테스와는 전혀 다릅니다. 장자는 사람과 물고기, 새, 사슴 등으로 나뉘는 동물들 사이에서도 아름다움에 대한 기준이 전혀 다르다는 사실을 지적하고 있지요. 세상의 만물은 천차만별이며 하나의 기준에 의해 모든 것을 꿰뚫어 말하기는 쉽지 않습니다. 특히 가치 판단을 가름하는 아름다움과 추함, 선과 악 등에 대한 기준은 더더욱 그러하지요.

사실 서로 다른 동물 종 사이에서만 그런 것이 아니라 성격과 상태의 서로 다름에 의해서도 주관적인 판단은 달라질 수 있습니다. 같은 생물 종이라 할지라도 시대에 따라 취향의 변화가 생기고 어떤 트렌드가 형성되기도 합니다. 당대(唐代) 여인의 아름다움은 "살결이 곱고 근육과 뼈가 적은"(두보, 「여인행」) 것이 기준이었습니다. 또는 다소 풍만한 체형이 아름답다고 여겨졌지요. 그러나 『홍루몽』의 시대에 이르러 임대옥(林黛玉)과 같은 미인은 양귀비와 함께 논하기도 어려울 정도로 병약하며 시름겨운 태도를 띠는 아름다움을 지녔다고 일컬어집니다.

사실 다시 생각해 보건대 물고기가 가라앉고 새가 날며 사슴이 멀리 도망가 숨어 버리는 것은 미인을 감상하는 태도와는 전혀 관련이 없으며 처음부터 아예 두려움을 느끼기 때문이라고 할 것입니다! 미인이든 추남이든, 그들에게는 완전히 같기 때문입니다. 상대적으로 비교해 말하자면, 아름다움과 생명 사이의 선택에서 장자는 후자를 더 긍정하고 있는 것이지요. 이는 조금만 생각해 봐도 알 수 있는 일입니다.

놀라서 잠에서 깬 뒤
길게 한숨을 쉬누나

18

꿈을 꿀 때 꿈을 꾸고 있다는 사실을 알지 못하고 꿈속에서 자신이 꾼 꿈에 대해 점을 쳤다. 꿈에서 깨고 난 뒤에야 비로소 자신이 꿈을 꾸고 있었다는 사실을 알게 되었다.

—「제물론」

인생에 대해 탄식하면서 사람들은 종종 이렇게 말합니다. 인생은 마치 꿈과 같다.

꿈은 잡을 수 없는 것입니다. 우리는 그것이 언제 찾아올지, 언제 사라질지 알지 못하지요. 꿈은 아득하고도 황홀한 것입니다. 일상의 삶에서는 불가능한 일이 꿈속에서는 일어날 수 있지요. 그것이 슬픈 일이든, 기쁜 일이든 말입니다. 그러나 몸이 꿈속에 있는 감각으로 말할 것 같으면, 그것은 마치 실제로 일어나는 것만 같습니다. 우리는 그래서 놀라움을 금치 못하고 때로는 기쁨에 겨워 눈물을 흘리기도 합니다.

기쁨에 겨운 눈물을 흘리거나 두려움에 떨며 식은땀을 흘리면서도 우리는 그것이 꿈이라는 사실을 의식하지 못할 수 있습니다. 높은 산봉우리에서 아슬아슬한 위험을 겪거나 슬픔이나 기쁨을 느끼거나 순간적으로 "이게 꿈은 아닐까"라는 생각을 하더라도 말입니다. 그러나 이런 생각을 하는 순간에도 꿈은 여전히 계속될 겁니다. 깨어난 뒤에야 비로소 분명하게 알게 되지요. 그게 꿈이었어!

위에 보이는 장자의 말은 이와 같은 상황을 묘사한 것입니다.

꿈과 현실 사이의 관계는 사람의 마음을 가장 끌어당기지요. 「제물론」에는 무척이나 아름다운 '나비의 꿈'이라는 글이 실려 있습니다. 사람들은 일반적으로 '사물 변화(物化)'의 이 같은 이치를 크게 돌아보지 않고 그저 "장주가 꿈에 나비가 되었는지, 나비가 꿈에 장주가 되었는지"라고 하는 환상적인 상상과 아스라한 장면에만 관심을 기울이지요. 깨어나고 난 뒤 '나비의 꿈'과 같은 꿈속의 풍경과 현실이 서로 교차하는 상황을 생각하는 이는 극히 소수일 겁니다. 대부분은 꿈속의 상황과 현실 사이의 엄청난 격차에 깜짝 놀라서 가슴이 뛰겠지요. 당나라 시인 이백은 꿈에서 깨고 난 뒤 꿈속에서 경험했던 선경이 이미 눈앞에서 연기처럼 사라진 것을 깨닫고 탄식하기도 했습니다. "문득 넋이 놀라고 얼이 빠지네. 놀라서 잠에서 깬 뒤 길게 한숨을 쉬누나. 깨어 보니 오직 베개와 이부자리뿐, 노을 안개 속에서 모든 것을 잃었네. 세상살이 즐거움 또한 이와 같은 것, 예로부터 모든 일이 그렇듯 강물은 동쪽으로 흐르지."(「꿈에서 천로와 이별하며 읊었네」) 이상은도 아름다운 꿈속에서 깨어난 뒤 이렇게 읊었습니다. "끝이 없이 황홀하니 밝았다가 또 어둡네. 희미하게 미련이 남으나 돌아갈 길은 끊겼구나. 깨어 보니 계단 위에 비가 내리는데, 홀로 찬 등불을 등지고 누워 팔을 베고 잠을 청하네."(「칠월 이십팔일 밤 수재 왕정이와 더불어 빗소리를 들은 뒤 꿈을 꾸어 지었다」)

꿈과 현실은 분명 사람의 삶 속의 일입니다. 장자가 마지막으로 남긴 구절을 되새겨 보면 꿈이 갑자기 삶과 죽음의 차원으로 승화된 것을 알 수 있지요. 사람이 한평생 사는 것은 한바탕 긴 꿈과 같지 않습니까? 그렇다면 죽음의 상태라고 하는 것은 도리어 일종의 각성이 아닐는지요? 이렇게 생각해 보면, 우리의 삶은 아주 짧은 인생의 나들이이고, 죽음은 원래의 상태로 되돌아가는 것뿐일지도 모르겠습니다.

몽상이 현실을 비추어 준다

19

—

옛날에 장주가 꿈에서 나비가 되었다. 하늘하늘 나는 나비는 얼마나 자유로운가! 자신이 장주인 줄도 몰랐다. 순간 깨어 보니 여전히 장주 자신이었다. 장주가 꿈에 나비로 변한 것인지, 나비가 꿈에 장주로 변한 것인지? 장주와 나비는 틀림없이 서로 나뉘어 있는 존재이다. 이것을 일컬어 사물 변화의 이치라 한다.

—「제물론」

이것은 아마도 고대 중국에서 가장 아름답고 가장 아스라하면서 황홀한 꿈일 것입니다.

『장자』라는 책에는 여러 차례 꿈이 등장합니다. 이 이야기 속에서 장자는 자기 자신을 주인공으로 삼고 있지요. 갑자기 꿈에서 깨었을 때, 그는 아직 팔랑대며 날아다니는 나비의 상태에서 빠져나오지 못했습니다. 어쩌면 살짝 믿을 수 없었는지도 모르겠습니다. 순간의 황홀함이 현실과 꿈을 구별할 수 없게 만들었던 것이겠지요. 그러나 그는 알고 있었습니다. 두 세계 사이에는 분명한 경계와 제한이 있으며, 분명히 나뉠 수밖에 없다는 사실을 말입니다. 이러한 의식은 장자가 이 순간 현실에 속해 있다는 사실을 알려줍니다. 만약 그가 여전히 나비의 상태로 즐기고 있었다면, 스스로 그 즐거움을 누리며 거짓이 아니라고 여기고 있었다면, 어떻게 이처럼 분명히 현실을 인식할 수 있었겠습니까?

그렇다면 이런 판단은 절대적인 것일까요? '갑작스러운 깨달음' 이전에 장자와 나비를 구별하는 것은 중요한 일이었을까요? 그와 같이 스스로 즐거움을 누리는 느낌은 참된 것이 아니었을까요? 그저 헛된 환상에 지나지 않았을까요?

꿈은 분명 현실 속에서 쉽게 손에 넣을 수 있는 것이 아닙니다. 그러나 그것은 우리와 아주 깊은 연관을 맺고 있지요. 그것을 통해서 우리는 확연히 다른 세계와 소통할 수 있는 채널을 갖는 것입니다. 이러한 소통은 참된 것이고, 그래서 우리는 한 걸음 더 나아가 다른 세계를 경험할 수 있게 됩니다. 우리는 자기 자신과 세상의 만물이 서로 통할 수 있다는 사실을 깨닫지요.

장주와 나비, 현실과 몽상 사이의 결합은 장자를 곤혹스럽게 하기도 하고 집착하게 하기도 했습니다. 장자의 경험과 연관되는 것으로서 무한한 상상 속으로 그를 인도하였을 뿐 아니라 실재 세계에서 마주하는 대상의 본질을 반성하고 궁리하게 만든 것입니다.

잎새 하나가 떨어지는 것을 보고도 가을인 것을 안다

20

나의 삶은 끝이 있지만 배움에는 끝이 없다. 끝이 있는 존재로서 끝이 없음을 따르나니, 피곤하고 위태로울 따름이라!

—「양생주」

삶은 유한한 것이며 사람의 삶은 더 많은 한계를 지니고 있습니다. 어떻게 유한한 삶을 보낼 것이냐에 대해서는 서로 다른 수많은 이해가 엇갈리지요. 대부분 사람들은 부귀영화를 얻는 것이 가장 중요하다고 생각합니다. 현대 사회에서 보통 사람들은 부귀영화를 얻기 위해서 공부를 해야 한다고 생각하며 지식을 가져야 한다고 여깁니다. 물론 이것은 일리가 있는 말이지요.

지식에 대한 적극적인 추구와 몰두는 사실 근대 이후의 정신적인 방향성과 맥을 같이하지요. 적어도 중국 고대에서 지식에 대한 추구는 인간적인 삶의 최종 목표가 아니었습니다. 유가는 물론 지식을 추구했고 공자께서도 박학다식함으로 이름을 떨쳤지만, 유가의 지식에 대한 추구는 삶을 길들이고 풍요롭게 기르는 근본적인 목표를 위한 것이었지요. '사물을 궁구하고(格物)', '앎에 이르고(致知)', '의에 성심을 다하며(誠意)', '마음을 바로 한다(正心)'라는 근본 목표는 달라지지 않았습니다. 도가의 관념에서는 지식의 풍부함이 지혜를 대표할 수 없다는 점을 분명히 하고 있지요. 『노자』에서는 '이치(道)'와 '배움(學)' 사이에 '덜어내고(損)', '더하는(益)' 서로 다른 의미가 있다고 말합니다(제48장).

삶은 유한한 것이고 지식은 무한한 것입니다. 이 두 가지 사이에는 원래 서로 다른 방향성이 존재하지요. 만약 삶의 본질적인 입장에서 말하자면 당연히 삶을 장악하는 쪽을 선택해야 할 것입니다. 오로지 지식만을 추구한다면 갈수록 멀어질 수밖에 없겠지요. 충실해지는 것은 지식의 체계지 삶의 지혜가 아닐 것이기 때문입니다. 잎새 하나가 떨어지는 것을 보고도 가을인 것을 안다고 했습니다. 겨울이 온다는 사실을 한 그루의 잎이 모두 떨어진 뒤에야 알 필요는 없는 거지요.

나쁜 일을 하지 말고
좋은 일도 하지 마라

21

선을 행한다고 이름을 날리는 것은 아니며, 악을 행한다고 반드시 벌을 받는 것도 아니다.

—「양생주」

"선을 행한다고 이름을 날리는 것은 아니며, 악을 행한다고 반드시 벌을 받는 것도 아니다." 이 말은 지금까지 숱한 이론과 논쟁을 불러일으켰습니다.

비평적인 관점에서 말하자면, 선한 일을 하는 것은 물론 명성을 추구해서가 아닙니다. 그건 그렇다고 칩시다. 하지만 나쁜 일을 하더라도 벌을 받지 않는다니, 이 말은 나쁜 일을 하면서 벌을 피해 달아나라고 부추기는 것과 다름이 없지 않은

가요? 이게 말이 되는 일입니까?

사실 그 뜻은 아래 글의 맥락에서 이해해야 할 것입니다. 이 앞에 있는 것 또한 명언입니다. 바로 이런 글이었죠. "나의 삶은 끝이 있지만 배움에는 끝이 없다. 끝이 있는 존재로서 끝이 없음을 따르나니, 피곤하고 위태로울 따름이라!" 앞에서 이미 이 말에 대해서는 분석한 바 있습니다. 장자는 지식을 추구해야 한다고 적극적으로 주장을 편 사람이 아니었습니다. 그는 삶이라는 아주 근본적인 입장에 서 있기 때문입니다. 그리고 지식은 삶의 핵심적인 가치가 아닙니다. 같은 이치로 '선을 행하든' '악을 행하든', 그로 인한 '명성'과 '형벌'은 모두 외재적인 것일 따름입니다. 두 가지 사이에는 좋고 나쁨의 구별이 있지만, 사실 두 가지는 마찬가지로 우리 삶에 해를 줍니다. 형벌은 두말할 나위가 없지만, 명성도 때로는 사람들을 피곤하게 만들지요. 또는 선한 일을 행하다가 그만둘 수는 없기 때문에 계속해서 해 나가야 하고 그래서 지치게 될 수도 있습니다. 아니면 좋은 명성을 위해 온 힘을 다해 그것을 유지하려고 하다가 불필요한 일까지 하게 될 수도 있지요. 사람이 하는 일이 허위가 되면 자신의 본성과 멀어지게 됩니다.

그래서 삶의 본질에서 말하자면 '선'과 '악'은 한데 놓아도 별다른 문제가 아닌 것입니다. '명성'이든 '형벌'이든, 있고 없고의 차이일 뿐이지요. 이렇게 해서, 이 문장의 진정한 의미는 "선을 행하는 것" 또는 "악을 행하는 것"을 말하는 데 있지 않고, 명성에 얽매이거나 형별에 연연하지 말며, 어떤 의도를 가진 채 선과 악을 행하지 말라는 데 있습니다. 「병모」 편의 마지막 두 구절은 이러한 뜻을 더욱 분명히 말해 주지요. "위에서 감히 자애와 정의를 부르짖는 행동을 하지 않으면, 아래서도 감히 음란하거나 사악한 행동을 하지 않는 법이다."

억지로 '선을 행함'이 없고 억지로 '악을 행함'도 없는 것이 바로 '중도(中道)'를 행하는 길입니다. 이 두 구절 뒤에 다음과 같은 말이 있습니다. "가운데를 둘러서 따라가는 것이 길이다〔緣督以爲經〕." 여기서 '독(督)'이라는 글자는 예전에는 '가운데〔中〕'라고 해석했습니다(곽상이 쓴 『장자』의 주에는 '가운데를 따라야 변함없이 항상성을 유지한다'라는 말이 보입니다). 세상에서 말하는 선과 악, 좋고 나쁨을 떠나서 가운데 길로 나아가야만 삶의 본질을 지킬 수 있습니다. 이것이 바로 장자의 본뜻입니다.

감정에 대한 일은 우리 스스로가 조절할 수 있다

22

시간의 흐름 속에서 편안히 머물며 변화에 순응할 수 있다면, 희로애락이라는 갖가지 감정에 대한 집착 또한 그 마음을 침범할 수 없다.

—「양생주」

'시간'과 '순응'은 특정한 의미를 지닙니다. 이는 「양생주」에 실린 '진실이 노자를 조문한(秦失弔唁老聃)' 이야기에서 시작됩니다.

노자가 죽은 뒤 진실이 그를 조문하러 갔는데, 세 번을 목 놓아 울더니 바로 나왔습니다. 어떤 사람이 이상하게 여기고 그에게 물었습니다. "당신은 노자와 친구가 아니었습니까?"

진실이 말했습니다. "그렇습니다. 나는 모두가 너무도 슬피 우는 것을 보았습니다. 마치 노인이 아이를 잃은 것처럼, 젊은이가 부모를 잃은 것처럼 보였습니다. 이런 것들은 아마도 노자가 바라는 바가 아닐 것입니다. 노자의 입장에서 본다면, 그는 올 때가 되어서 이 세상에 왔고, 갈 때가 되어서 자연스럽게 간 것입니다. 만약 오고 가는 때에 언제나 편안하면서 자연의 이치에 순응한다면, 슬픔이나 기쁨의 감정도 그렇게 마음속 깊이 파고들지는 않을 겁니다."

그렇다고 할 수 있습니다. '시간'과 '순응'은 여기서 특별히 생사와 연관되어 이야기됩니다. 장자는 생명의 과정에 불가항력적인 한계가 있다는 사실을 잘 알았습니다. 생명이 올 때도 우리는 주도적으로 나설 방법이 없으며, 생명이 떠나갈 때도 마찬가지로 주도적으로 나설 방법이 없습니다. 아무것도 내가 원하는 대로 할 수 없는 상황에서 우리가 할 수 있는 일이라는 것은 그 대상을 이해하고 이해의 기초 위에서 평정을 지키면서 그 오고감의 문제를 받아들이는 것입니다. 온다고 기뻐하고 간다고 슬퍼하는 마음속의 감정적 반응이 아무런 도움이 되지 않는다면, 그것을 마음속 깊이 받아들여서는 안 됩니다. 그렇게 오랫동안 마음에 담아 둔다면 결국 해가 될 뿐이죠.

기쁨과 노여움은 굳이 얼굴에 나타낼 필요가 없습니다. 그것은 대개 다른 사람에게 보이기 위한 것이며, 다른 사람의 눈에 들어야만 의미가 생겨나기 때문입니다. 슬픔과 즐거움은 마음에 들이지 말아야 합니다. 그러면 진정으로 자신을 마주할 수 있으며 마음속의 세계를 보호할 수 있게 됩니다.

스스로 먼저 하고 남을 뒤로 하라

23

옛날 완벽한 득도자(至人)는 자신에게 먼저 한 뒤에야 남에게 하였다.

—「인간세」

오늘날에는 일반적으로 남을 앞세우고 자신이 뒤에 하는 것이 순서상 옳다고 여겨집니다. 그러나 옛사람들은 절대 그렇게 생각지 않았습니다.

『장자』에서 이 말은 공자의 입을 빌려 말해집니다. "너는 먼저 자신을 돌아보아야 하며, 그런 뒤에야 비로소 다른 사람을 돌아볼 수 있다." 공자는 안회를 이렇게 타일렀습니다. 너무 혈기 넘치게 올곧게만 굴지 말고 한가득 이상만 내세우지 말라고. 오로지 위나라로 가서 위나라 군주를 설득하고자 간언하며 그곳의 엉망진창인 정치를 변화시키려고 애쓰지 말라고. 그러면서 '군주를 모시고 있는 것은 호랑이를 모시는 것과 같다'라는 사실에 대해 충분히 의식하지 못하는 어리석음을 저지르지 말라고.

어쩌면 이렇게 생각할 수도 있을 겁니다. 그렇게 말한다면, 공자는 장자의 스피커에 불과한 것이냐. 그러나 공자는 말했습니다. "옛날의 배움은 자신을 위한 것이었는데, 오늘날의 배움은 남을 위한 것이다."(『논어』「헌문」) 자기를 먼저 하고 남을 뒤로 하라는 말은 자신을 중요하게 여기라는 뜻입니다. 『예기』 가운데 한 편인 「대학」은 나중에 '사서' 가운데 하나로 꼽혔습니다. 이는 수많은 학자들에게 무척이나 익숙한 문헌이며, 그 가운데는 나름의 순서가 있습니다. "몸을 닦고 집안을 고르게 하며 나라를 다스리고 세상을 평화롭게 한다." 나로부터 시작해서 먼저 자신을 완벽하게 수양해야 그 뒤에 점차 나아가 가족과 국가, 세계까지 확장되는 것이죠. 이러한 이상은 비록 더 큰 것이지만, 그 구상의 기본적인 뼈대는 '스스로 먼저 하고 남을 뒤로 하라'는 입장과 완전히 일치합니다.

먼저 '나를 위하고' '나에게 두며', '몸을 닦는 것'을 '나라를 다스리고' '세계를 평화롭게 하는 것' 앞에 둡니다. 오늘날에는 이런 것을 일반적으로 이기적인 것으로 간주하지만, 우리는 대부분 역시 사람이 제일이며 가장 중요하다고 여깁니다. 어떤 일을 하더라도 사람을 최우선시해야 한다고 생각합니다. 그러나 남을 앞세우고 자기를 뒤로 하는 것은 본말이 전도된 일이 아닐 수 없습니다. 결국은 공허한 이상을 부르짖는 데 그칠 뿐이죠. 공자는 분명히 말했습니다. "사람은 도를 널리 펼칠 수 있지만, 도는 사람을 널리 펼칠 수 없다."(『논어』「위령공」) 큰 도를 널리 떨치게 하는 것도, 세상을 흥하거나 망하게 하는 것도, 결국은 모두 사람에게 달린 것입니다.

그린 눈썹의 진하기가 유행에는 맞는지

24

귀로 듣지 말고 마음으로 들어라.

—「인간세」

경청하는 것은 인간의 가장 기본적인 미덕입니다. 그것은 사람끼리는 소통이 가능하며 서로 이해할 수 있다는 사실을 나타냅니다.

동물끼리 울부짖음이나 특정한 동작을 통해서 직접 부대끼는 것도 소통이라고 할 수 있습니다. 이런 방식으로 서로 돕고 집단적인 활동을 하며 함께 먹이를 사냥하거나 경보를 전하는 거죠. 이러한 기능을 인간은 듣고 말하는 방식을 통해 수행합니다. 그러나 사람들 사이에서 더욱 중요한 소통은, 일어나서 먹고 출근하는 등의 일상에서 이루어지는 것이 아니라 상호 간의 이해에 도달하는 데 있습니다.

이는 마음과 마음 사이의 교류의 문제입니다. 말을 하는 것이나 경청하는 것은 다만 언어와 문자에 그치지 않으며, 그 뜻은 언어와 문자 안에도 있지만 언어와 문자 밖에 맴돌기도 합니다. 부모가 아이들에게 옷 잘 입고 감기 들지 않게 조심하라고 타이르는 것은 단순한 제안이나 명령이 아닙니다. 세세한 것까지 하나하나 살피는 마음의 표현인 것입니다. 이런 말들은 귀로 들을 뿐 아니라 마음으로도 들어서 깨우쳐야 합니다.

뜻은 말 밖에 존재합니다. 이는 문학의 기본적인 표현 방식에 더욱 가깝습니다. 예를 들어, 시는 종종 이것을 말하면서 저것을 뜻합니다. 당나라 시인 주경여가 눈썹을 그리는 일에 대해 쓴 시를 사람들은 즐겨 읊습니다. 과거 시험을 보기 전에 주경여는 「과거 시험이 가까워지니 장수부께 시를 보인다(近試上張水部)」라는 시를 수부시랑이었던 장적에게 보냈습니다. "동방에서 어젯밤 붉은 초가 멈췄으니, 새벽에 방문 앞에서 시부모님께 인사드리려 기다리네. 단장을 마치고 낮은 소리로 낭군님께 묻노라. 그린 눈썹의 진하기가 유행에는 맞는지?" 화촉동방을 치른 다음 날 아침 신부가 단장을 하고 시부모님께 문안을 올리려는 상황에 자신의 마음을 비유한 것입니다.

자신을 신부에, 장적을 신랑에 비유하면서 과거 시험에서의 전망에 대해 자문하고 있습니다. 장적은 다음과 같은 시로 답하였습니다. "월나라 여인이 새롭게 단장하고 거울을 비추니 스스로 아름다운 줄 알면서 더욱 시름하네. 제나라 흰 비단은 사람들이 알아주지 않아도 귀한 것이고, 마름 풀 따는 미인의 노래 한 곡은 만금에 필적하는 법." 장적은 물론 주경여가 은근히 띄운 말 밖의 뜻을 알아들었습니다. 그는 주경여의 시가 단순히 규방 여인들을 흉내 낸 내용이 아님을 알았고, 자기 시 속에서 주경여의 문학적 재능을 크게 인정했습니다.

사람들이 전하고자 하는 말 밖의 뜻, 연주하는 음 외의 소리는 모두 마음을 써야만 들을 수 있는 것입니다.

새는 날아가면서
흔적을 남기지 않는다

25

흔적을 남기지 않는 것은 쉬워도 아예 길을 걷지 않는 것은 어렵다.

—「인간세」

글자 그대로 보건대, 이 두 구절의 말뜻은 매우 분명하고 쉽게 이해가 됩니다. 흔적을 남기고 싶지 않다면 아예 문 밖을 나서지 말고 길에 나다니지 않으면 됩니다. 그러면 발자국이 남을 일도 없는 것이죠. 만약 길을 다니고자 하면서 흔적을 남기지 않으려고 한다면, 그것은 날아서 돌아다니지 않는 이상 발 붙일 데가 없는 일이 될 것입니다.

장자가 뜻하는 바는 무엇일까요? 인간이 세상에서 살아가는 일을 비유한 것입니다. 명나라 사람 석덕청은『장자내편주』

에서 이렇게 주석한 바 있습니다. "사람들을 피해 달아나 세상과 인연을 끊는 일은 쉽지만, 세상에 관심을 두지 않고 전혀 종적도 없이 사는 일만큼은 어렵다." 세상에 살면서 어울리지 못한다고 느껴서 아예 은거하는 선비가 된다면, 눈으로 온갖 투쟁에 몸을 더럽히는 꼴을 보지 않고 어떤 거짓이나 위험도 겪지 않을 수 있을 겁니다. 세상을 떠나 멀리 숨어 버리는 것은 어쨌거나 자신을 보호하는 손쉬운 방법이죠. 그러나 세상에서 살면서 나는 새처럼 하늘을 가로지르며 날아가면서도 공중에 아무런 흔적도 남기지 않고 매인 데 없이 자유롭게 모든 장애를 뛰어넘어 버린다는 것은 정말이지 어려운 일입니다.

이러한 경지에 이르고자 한다면? 앞서 제기한 비행의 방식이 아니라면 어찌 가능한 일이겠습니까? 세상의 도리에 따라 사리에 깊이 통해서 마음으로는 다른 의도가 없고 겉으로는 아무것도 억지로 하는 일이 없는 한 어려울 것입니다. '두껍지 않은 칼날'을 '원래의 틈'에 밀어 넣음으로써 소의 뼈를 가르는 데도 칼놀림에 여유가 있어 십구 년 동안 칼날이 전혀 상하지 않았다던 통달한 백정의 경지에 이른다면 모를까.

우회하여 전진하다

26

사람을 위해서 하면 거짓되기 쉽고, 하늘을 위해서 하면 거짓되기 어렵다.

—「인간세」

장자는 종종 '하늘'과 '사람'의 다른 점을 부각시키곤 합니다. '하늘'은 자연의 법칙을 대변하며, '사람'은 장자의 관점에서는 인간 세상의 어떤 특징을 구현하기에 '하늘'에 부합하지 않는 특수성을 지니고 있지요. 인간은 리비도를 동력으로 삼아 모든 일을 해 나가므로 그 행위는 종종 자연의 법칙에 부합하지 않으며 '허위'가 되기 쉽습니다. '허위'는 본래 타고난 본래의 성질에 따른 '사람의 행위'가 아닌 것을 가리키는 말입니다. 반대로 하늘의 도에 따라 해내는 모든 것은 '허위'가 아니라 '진정'이지요.

사람은 사람들 사이에서 다른 사람과 타협해야 합니다. 그래서 어느 정도 원래의 것을 버리고 타인과 조정하며 협상을 해야 하지요. 이와 같은 극복과 변환이 결국 사람이 만들어 내는 '허위'라 하겠습니다. 우리는 어떤 것을 두려워할 수도 있고, 어떤 것을 갈망할 수도 있습니다. 그리고 이 모든 것을 피하거나 얻기 위해, 우리는 자신을 변화시키고, 우리가 좋아하지도 않는 얼굴을 마주하며 미소를 짓습니다. 스스로 전혀 아무런 흥미도 없는 일을 억지로 하기도 하는 등 여러 모로 우회하면서 전진해 결국 목표한 바를 손에 넣는 겁니다.

장자는 이 모든 것을 아주 지긋지긋하게 여겼습니다. 지긋지긋하게 여겼기 때문에 자리에서 물러났지요. 그는 자신이 타고난 바에 따라 좋아하는 것을 하면서 자신의 삶을 영위했습니다. 그는 자신의 삶이 진실한 것이라 믿었고, 자신의 마음이야말로 가장 진실하고 신실한 것이라 여겼습니다.

『장자』에서 감동을 주는 건 주동인물이 아니다

27

아침에 명을 받고 저녁에 얼음물을 마신다.

—「인간세」

엽공자 고는 초나라의 종친이었습니다. 한번은 그가 초나라 왕의 명령을 받고 제나라 사신으로 가게 되었지요. 하지만 그의 임무는 매우 어려운 일이었습니다. 제나라는 외국의 사신들을 매우 예의바르게 대접했지만, 일은 언제나 뒤로 미루는 경향이 있었기 때문이지요. 엽공자 고는 사명을 완수하지 못하고 초나라 왕의 벌을 받게 될까 봐 걱정이 되었습니다. 그래서 평소 음식을 매우 담백하게 먹는 사람임에도 불구하고 그 순간 속에서 심화가 타올라 아침에 명을 받았는데 저녁에는 얼음물을 마시게 되었습니다.

보아하니, 엽공자 고는 원래부터 세상의 책임을 무척 중요하게 생각하는 사람이었던 듯합니다. 그리고 또 진정으로 나라를 위하는 마음을 가진 사람이기도 했겠지요. 게다가 성격으로 말할 것 같으면 음식을 담백하게 취하는 사람이니 가혹하거나 폭력적이지는 않다 하더라도 성급하기는 했던 것 같습니다. 근대 중국의 유명한 정치가이자 학자인 량치차오는 이러한 엽공자 고의 감정에 매우 크게 공감했습니다. 그는 근대 중국의 어려움 앞에서 늘 속을 태우며 한시도 편히 쉬지 못했고, 하루 빨리 세상을 구해야 하겠다는 사명감으로 불탔습니다. 그래서 자신의 서재에 '음빙실(飮氷室, 얼음을 마시는 방)'이라는 이름을 붙였지요. 자신의 문집에도 '음빙실'이라는 이름을 붙였습니다.

엽공자 고는 나중에 어떻게 되었을까요? 우리는 잘 알지 못합니다. 량치차오는 자신이 계획한 일들을 완수하지 못했습니다. 그러나 그의 노력과 책임감은 역사에 아주 깊은 발자국을 남겼지요. '음빙'이라는 두 글자는 이후에도 아마 량치차오와 연관되어 사람들의 기억 속에 남을 겁니다. 틀림없이 그와의 연관성이 엽공자 고의 이야기보다 더 깊이, 더 멀리 전해질 테지요.

굽어보기부터 우러러보기까지

28

시작은 단순하지만, 그 끝은 장차 번다하리라.

—「인간세」

장자의 이 말은 일상적인 관찰과 경험에서 비롯된 것입니다. 아주 평범하면서도 심오한 이치를 담고 있지요.

「인간세」를 둘러싼 환경에서 보건대, 장자는 아마도 부정적인 측면의 의미를 말하고자 했던 것 같습니다. 그는 관찰을 통해 인간 세상의 여러 상황에 통달했습니다. 지혜와 계교로 서로 이기고자 다투는 사람들도 처음에는 모두 광명정대한 방법을 사용합니다. 하지만 결국 마지막에는 차마 눈 뜨고 보기 힘든 비열한 방식을 동원하게 되지요. 극단에 이르면, 그 괴상

망측함은 이루 다 헤아릴 수도 없게 됩니다. 예의에 걸맞게 술을 마시는 사람들도 처음에는 매우 단정하게 규율을 준수하지만 나중에는 취해서 이성을 잃고 극단적으로 나아가게 되면 소란을 떨면서 자신의 즐거움만 탐닉하게 되지요. 세상 일이 모두 다 이러합니다. 처음에는 서로를 믿다가 결국 나중에는 종종 서로를 속이고 배신하는 지경에 이르지요. 그래서 장자는 이렇게 생각했습니다. 시작할 때는 모든 일이 다만 소소해 보이지만, 결국 나중이 되면 커다란 재앙으로 변해 버린다고. 가장 명확한 대책은 아직 미미해서 잘 보이지 않을 때 완벽하게 단속해야 미연에 화를 방지할 수 있다는 것이 장자의 생각입니다.

하지만 이 말은 맥락을 떠나게 되면 제대로 이해하기가 힘들어집니다. 세상의 모든 일에는 시작이 있고 중간이 있고 끝이 있습니다. 싹이 트고 잎이 자라고 꽃이 피고 열매를 맺기까지 장대한 과정이 있는 법이지요. 까마득히 높은 빌딩이라도 모두 땅에서부터 지어 올리는 것입니다. 처음에는 모두 땅에서, 심지어는 위를 감당할 수 있을 만큼 아래로 땅을 파는 것에서 시작하지요. 굽어보기부터 시작해서 점점 우러러보는 쪽으로 변화하는 게 아니겠습니까?

때리는 것은 친해서이고 욕하는 것은 사랑해서이다

29

마음을 써서 이르지 않은 곳이 없어도 사랑하다가 잃을 때가 있다.

—「인간세」

장자가 이런 이야기를 한 적이 있습니다. 말을 기르는 사람의 이야기죠. 어떤 말 기르는 사람이 자기 말을 기르는 데 아주 작은 것까지도 세심하게 신경을 썼습니다. 심지어 전용 대나무 광주리와 조개껍데기를 준비해 말의 똥과 오줌을 받아냈죠. 한번은 말 잔등 위에 앉은 모기를 보고 때려잡으려고 쫓아갔답니다. 하지만 말은 그의 호의를 알지 못하고 깜짝 놀라서 성을 내며 입에 물린 재갈을 끊고 말 기르는 사람을 힘껏

걷어차 상처를 입혔지요. 장자는 이 일화를 두고 "마음을 써서 이르지 않은 곳이 없어도 사랑하다가 잃을 때가 있다"라고 말했습니다.

장자의 이 말은 원래 군주를 모시는 일이 호랑이와 짝하는 일과 같다는 이치에서 나온 것입니다. 온 마음과 뜻을 다하고 충정을 바쳐 그를 위해 걱정하고 조언을 하더라도 오히려 죽임을 당하는 화를 입을 수 있지요. 장자의 관찰력은 참으로 예리합니다. 장자 이후로 또 얼마나 많은 사람이 충성을 다해 군주를 모시다가 오히려 그 분노를 입어 자신을 죽이고 가문에 파멸을 가져왔던가요!

이러한 이치는 사실 매우 보편적인 의미를 지니고 있습니다. 우리가 아무리 상대에게 진심을 다해 호의를 보이더라도, 오히려 그 때문에 상대방에게 나쁜 버릇을 만들고 마음대로 되지 않을 때 오히려 분노하게 만들 수 있습니다. 세상 물정을 모르는 어린아이들이 종종 이런 태도를 보이지요. 연애 과정에서도 이런 일들이 일어납니다. 상대를 너무 배려하다가 도리어 서로에게 상처가 되는 일이 있지요.

좋아하고 사랑하는 감정은 물론 겉으로 드러내 표현해야만 합니다. 속에만 숨겨 두는 것은 적절한 방식이 아니지요. 하지만 너무 지나쳐서도 안 됩니다. 지나친 사랑은 오히려 상대를 너무 교만하게 만드니까요. 사람을 무람없이 굴도록 하고 한도 끝도 없이 요구하게 만들 수 있습니다. 이런 의미에서 "때리는 것은 친해서이고 욕하는 것은 사랑해서이다"라는 말은 직설이 아닌 은유로 받아들여야 합니다. 이것은 매우 엄격한 요구라 하겠습니다. 하지만 사랑이 상대방에게 정말 도움이 되는 방식이려면, 그 엄격함 또한 받아들일 수 있어야 할 것입니다.

‘쓸모 있다’는 것은 어떤 쓸모인가

30

산의 나무는 스스로 도둑질의 대상이 된다. 기름 덩어리는 스스로 불살라지는 것이다. 계피는 먹을 것이라 벗겨지는 것이다. 옻은 쓸 수 있는 것이라 베어지는 것이다. 사람들은 모두 쓸모 있음의 쓸모만 알지 쓸모없음의 쓸모를 알지 못한다.

—「인간세」

장자는 나무를 예로 들어 인생의 큰 문제들을 논하곤 했습니다. 그런 비유를 무척 좋아했죠. 여기서는 또 ‘옻은 쓸 수 있는 것이라 베어지는 것이다’라는 말을 썼네요. 기록에 따르면, 그는 ‘칠원리(漆園吏)’라는 직책을 맡은 적이 있습니다. 어떤 주석들은 그것이 옻나무 정원을 담당하는 관리라고 해석합니다. 일리가 있는 말이지요.

산에 있는 나무들이 벌목을 당하는 것은 세상 사람들의 눈에 그것들이 모두 쓸모가 있는 까닭입니다. 쓸모가 있기 때문에 그 자신의 생명을 잃고 말지요. 곧게 자라는 나무들이 먼저 베어지고, 입에 단 우물의 물이 먼저 길어져 말라 버립니다. 그래서 장자는 산의 나무들은 스스로 도둑질의 대상이 되어 제 목숨을 해치는 거라고 말합니다. 기름 덩어리나 계피, 옻칠도 모두 마찬가지고요.

장자는 사람들에게 경고하고 있는 겁니다. 일반적으로 '쓸모 있음' 또는 '쓸모없음'이라고 하는 것은 모두 제한적인 의미에서 그런 것이죠. 그것을 기준으로 세상 모든 것을 가늠하려고 해서는 안 됩니다. 그는 적지 않은 반례들을 들었습니다. 「인간세」에서는 남백자기가 상구에 가서 커다란 나무 한 그루를 보았다고 했습니다. 그 나무는 무척이나 커서 나무 그늘이 천 대의 수레에 드리울 정도였습니다. 다시 자세히 보니 나뭇가지가 너무 굽어서 기둥으로는 쓸 수가 없었고, 나무 아래 둥치는 가운데가 찢어져 있어서 관목으로 쓸 수도 없었습니다. 잎을 맛보니 혀가 다 썩어 문드러질 지경이었고, 냄새를 맡으니 사흘은 족히 쓰러져 있을 만큼 지독했습니다. 그래서 남백자기는 탄식을 하면서 말했죠. "이 나무는 재목으로 삼을 수 없겠구나. 그래서 이토록 크게 자랄 수 있었던 것이야." 이처럼 '재목이 되지 못하여' 천 년을 누린 커다란 나무라면, 장자도 제자들을 이끌고 산속을 지나면서 본 적이 있습니다. 장자는 이 나무를 보고 남백자기와는 다른 관점을 피력했습니다. "이 나무는 재목이 되지 못하여 천수를 누릴 수 있었구나!"(「산목」)

그런데 이처럼 큰 나무들이 과연 세상 사람들이 말하는 것처럼 정말 쓸모가 없는 것일까요?

그것은 어떤 의미에서 쓸모를 논하느냐에 따라 달라지는 문제일 겁니다. 그러나 생명을 보전하고 천수를 다한다는 의미에서 본다면, 그 결과는 자명하겠지요! 다른 측면에서 보더라도, 기둥의 재목이냐 아니냐 하는 사람의 관점에서 본다면 쓸모가 있는 것은 결국 스스로 생명을 잃게 할 따름이니, 그 자신의 입장에서 본다면 이와 같은 '쓸모'라는 것은 대체 무슨 소용이란 말입니까?

장자는 생명 본연의 입장에서 세속적인 쓸모의 관념과는 전혀 다른 결론을 내놓았습니다. 이런 이론은 생명이라고 하는 것이 시시각각 닥쳐오는 위험 속에 놓인 세계 조건과 관련이 있습니다. 현실은 잔혹한 것이죠. 송나라에 형씨라는 지역이 있었답니다. 그곳에서 자라는 나무들은 손으로 쥘 정도 크기만 되면 누군가 잘라 가서 원숭이를 잡는 나무 덫을 만들었다고 하죠. 서너 아름 정도가 되는 크기의 나무는 즉시 베어져서 기둥의 재료로 쓰였고, 일고여덟 아름 정도로 굵은 나무는 통째로 관을 쓰는 재료가 되었답니다. 그야말로 남아나는 것이 없었다죠!

아버지와 아들, 그리고 쌍둥이

31

서로 다르다는 관점에서 보면, 간과 쓸개도 초나라와 월나라처럼 사이가 뜨고, 서고 같다는 관점에서 보면, 만물이 모두 하나다.

—「덕충부」

장자는 사람의 주체적인 지위에 대해 매우 강렬한 자각적 의식을 지니고 있었습니다. 우리가 자신의 입장에서 타자를 바라본다면 물론 '나'는 옳고 '상대'는 틀린 것이 될 겁니다. 그러나 입장을 바꿔서 생각하면 어떻게 될까요? 다른 사람들도 그 자신이 옳고 상대는 틀렸다고 생각할 테니, 대상이 되는 '나'는 틀린 것이 됩니다.

이는 세상의 수많은 일들이 사실 어떤 각도에서 보느냐에 따라 달리 파악될 수 있다는 사실을 알려줍니다. 위의 두 구절의 뜻 또한 아마도 이와 같겠지요.

예를 들어, 계속해서 '차이'라는 점에 주목한다면 설사 아주 꼭 닮은 듯 보이는 쌍둥이라도 아마 세밀한 부분에 있어서는 차이가 날 겁니다. '유사'하다는 점에 주목해서 볼까요? 사람들은 종종 이런 말들을 합니다. 당신 아이는 당신과 꼭 닮았네요! 그러나 우리는 알고 있습니다. 더할 나위 없이 꼭 닮은 부자지간이라 해도 일란성 쌍둥이처럼 그렇게 닮을 수는 없지요.

이와 같은 장자의 말은 사실 이야기를 들려주는 사람의 머리에 의미를 전달하는 분석일 뿐 아니라 그 마음에 위안을 건네는 것이기도 합니다.

송나라 때 소식이라는 시인이 벗들과 함께 적벽에 배를 띄우고 더위를 식혔답니다. 손님들은 아름다운 풍경에 감탄하고 시간이 눈 깜빡할 사이 흘러가며 인생이 너무도 짧다는 사실을 한탄했지요. 소식은 『장자』에 실린 뜻을 다른 말로 바꾸어 이렇게 말했습니다. "변한다는 관점에서 보면 하늘과 땅도 한순간을 이기지 못하며, 변하지 않는다는 관점에서 보면 만물과 나 자신 또한 모두 끝이 없는 것을."(『적벽부』)

변화의 관점에서 보면, 세상의 모든 것이 변화합니다. 하늘과 땅 또한 한순간도 쉬지 않고 변화하지요. 그러지 않다면,

어떻게 '상전벽해(桑田碧海)'와 같은 말이 나왔겠습니까? 영원불변의 관점에서 보면, 우리네 인간이나 만물도 모두 마찬가지입니다. 생명은 끝없이 이어지지요. 우리는 여전히 하늘과 땅 사이에 존재하고 있지 않나요?

고요함이야말로 모든 것을 움직이게 한다

32

사람은 흐르는 물이 아니라 고요히 멈춘 물 위에 자신을 비춰야 한다.

—「덕충부」

물은 인류 문명에서 반드시 필요한 것입니다. 사람들은 물에서 생명의 양분을 취할 뿐 아니라 정신적으로도 물로부터 수없이 많은 계발점을 얻어 왔지요. "지혜로운 이는 물을 좋아하고, 어진 이는 산을 좋아한다(知者樂水 仁者樂山)"라는 말은 참으로 일리가 있습니다. 노자와 장자는 유가의 입장에서 보건대, 의심할 나위 없이 어짊을 지니지 못한 지혜로운 이일 겁니다. 그래서 그들은 물에 대해 지극히 잘 알고 있었습니다.

노자는 물에서 대자연과 우주의 도에 대한 깨달음을 얻었지요. 노자는 세계를 서로 대조적이면서 상보 관계에 있는 두 가지 측면으로 나누어 보았습니다. 그리고 이 '서로 다른 것'이 움직임을 만들어 낸다고 했지요. 세상의 모든 일과 모든 사물은 원래의 모습과 정반대의 상태를 향해 변화해 나갑니다. 예를 들어, 풀과 나무가 막 생겨났을 때는 연약해서 잘 구부러지고 찢기지만 나중에는 굳고 단단하게 마른 상태가 됩니다. 그래서 노자의 주장은 연약하고 낮은 상태에 위치해서 사물의 변화 과정에 따라 자연스럽게 강대한 위치까지 움직여 가자는 것입니다. 그래서 그는 물의 이러한 흐름을 가장 좋은 상징이라고 생각했습니다. "세상에서 물보다 연약한 것은 없지만, 견강한 것을 공격해서 이보다 더 승리를 잘 거둘 수 있는 것도 없다."(『노자』 제78장)

낙숫물에 댓돌이 뚫리는 것도 이와 같은 이치가 아니겠습니까?

장자는 노자와 달리 흐르는 물이 아니라 고요히 멈춘 물에 주목했습니다. 그는 고요히 멈춘 물이여야만 비로소 사물의 그림자를 제대로 비출 수 있다는 사실에 관심을 기울였지요. 흐르는 물은 물결이 일어 눈부신 물보라와 함께 모든 것을 옮겨 놓습니다. 도무지 파악할 수가 없지요. 이것은 일상적인 경험에서 얻어진 깨달음입니다. 그러나 아주 심오한 의미를 담고 있지요. 이렇게 고요한 물이어야만 그토록 너울대는 물결이 일지 않습니다. 어디로도 치우치지 않는 마음을 지니고 있어야 세상의 여러 가지 현상들이 깨달아지는 법입니다.

정치, 종교, 문학 속의 거울

33

거울에 밝게 비추려고 하면 티끌과 먼지가 그치지 않는다. 닦기를 그치면 밝지 않게 된다. (그러므로) 현명한 이와 오래 함께하면 허물이 없다.

—「덕충부」

거울은 동서양 어떤 문화에서든 맑고 깨끗하게 비춘다는 뜻을 가지고 있습니다. 프랑스 소설가 스탕달은 자신의 소설 『적과 흑』에서 거울의 비유로 문학이 인생을 거울에 비춘 것처럼 사실적이어야 한다고 말했습니다. 눈부시게 푸른 하늘이든, 진흙탕이 된 골목길이든 말입니다.

고대 중국의 기록에서도 거울에 대한 기록은 어렵지 않게 찾아볼 수 있습니다. 장자는 거울에 대한 비유에서 먼지를 말하고 있습니다. 거울을 밝게 비추고자 한다면 티끌과 먼지를 끊임없이 닦아 주어야만 합니다. 티끌과 먼지가 있으면 밝고 또렷하게 비출 수가 없기 때문입니다.

거울, 그리고 티끌과 먼지를 함께 들어 말하는 사례는 후대의 사상 전통에서도 여러 차례 어렵지 않게 찾아집니다. 예를 들어, 선종에서는 수행의 중요성을 말할 때 이러한 비유를 사용하지요. 『육조단경(六祖壇經)』에는 북종의 육조인 신수가 쓴 게송이 실려 있습니다. "몸은 깨달음의 나무요, 마음은 밝은 거울이라. 시시때때로 떨어내고 부지런히 닦아서 티끌과 먼지가 끼지 않도록 해야지." 게송 중 밝은 거울은 사람의 마음을 비유합니다. 시시때때로 티끌과 먼지를 닦아서 그에 물들지 않고 마음의 맑고 깨끗함을 유지하고 싶다는 뜻을 담고 있지요.

밝게 비추는 거울로 현명한 이의 밝게 비추는 생각이나 역할을 비유하는 것은 후대에도 유명한 예들이 있습니다만, 아마도 장자에서 배운 것이 아닐까 생각합니다. 당나라 태종은 늘 충고를 일삼았던 자신의 신하 위징이 세상을 떠난 뒤 이런 말을 남겼지요. "구리로 만든 거울은 자신의 단정한 옷차림을 비추고, 고대의 역사적 사실이라는 거울은 세상의 이치가 흥하고 망하는 사실을 비추고, 현명한 이라는 거울은 자신의 득실을 바로잡을 수 있도록 비춘다. 이제 위징이 세상을 떠났으니, 나는 거울 하나를 잃었구나!”

다시 보아야 알 수 있는 아름다움

34

사람의 덕이 뛰어나면, 그 외형은 잊히기 마련이다. 사람이 잊어도 되는 것을 잊지 않고, 잊지 말아야 할 것을 잊는 것, 그야말로 진짜 '잊음'이라 할 것이다.

—「덕충부」

사람의 외형은 타고나는 것이며, 일반적으로 이 외형적인 모습은 수많은 변화의 가능성을 지닙니다. 그러나 사람의 내면적인 수양은 전적으로 그 자신의 마음가짐과 노력 여하에 달려 있지요. 이 두 가지 표현이 밖으로 드러나면, 하나는 외모의 아름다움이 되고, 다른 하나는 기질의 아름다움이 됩니다. 외모의 아름다움은 첫눈에 들어오는 아름다움이고, 기질의 아름다움은 다시 보아야 알 수 있는 아름다움이라고 하겠지요. 처음의 인상, 그러니까 첫눈에 들어오는 아름다움은 말할 것도 없이 압도적인 힘을 지니고 있습니다. 사람들은 모두 아름다움을 사랑하는 마음을 가지고 있지요. 이것은 '아름다움'이라는 것이 주로 외모의 형상에서 온다는 사실을 의미합니다. 그러나 점점 시간이 지날수록 기질의 아름다움이 소리 없이 드러나는 법이지요.

위령공이 좋아하는 사람은 등이 굽은 곱사등이었습니다. 입술이 없고 목에는 커다란 종기까지 나 있었지요. 이러한 외모를 가진 사람에게 한눈에 반하는 일은 거의 불가능합니다. 아마도 처음에는 두려워 꺼리는 마음이 있었을 것이고 싫어하거나 미워할 수도 있었을 겁니다. 그러나 점차 군주의 마음을 얻게 된 것은 내면적인 미덕 때문이었을 테지요. '덕'은 '덕성'을 가리킵니다. 동시에 여기서 '덕'은 '얻는다'라는 뜻도 지니고 있습니다. 말하자면, 사람이 '얻은' '도'의 일부라는 뜻이지요. 스스로 '도'로부터 얻어낸 '덕'은 그 사람의 완전한 소유이며, 절대로 잊어서는 안 되는 것입니다(잊히지 않는 것이기도 하지요). 외형적인 적들은 굳이 기억해야 하는 것도 아니고, 또 아예 기억할 필요가 없는 것이기도 합니다.

외모가 추악한 사람의 내면을 좋아하고 그 외형적인 특징을 잊는 것은, 그 사람이 지니고 있는 내면적인 미덕이 전제가 될 것입니다. 그러니까 그 '덕'이 진실로 '뛰어난' 경우에만 가능한 일이겠지요. 그렇지 않다면, 우리가 외형적인 추악함을 잊은 다음에 또 무엇을 기억할 수 있겠습니까?

사물에 미련을 두지 마라

35

욕망에 탐닉하는 것은 천기가 얕기 때문이다.

—「대종사」

천기(天機)라는 것은 하늘의 도에 부합하는 자연적인 본성이라 하겠습니다. 장자가 보기에, 이 천기와 사람들의 갖은 욕망은 매우 첨예하게 대립되는 것이었습니다. 욕망은 잇달아 어떤 충동과 추구를 일으키고, 이러한 충동과 추구는 사람이 본래 타고난 자연스러움을 훼손하며 균형을 잃게 만드는 것이죠. 사실 한계라는 것이 필요한데, 갈망이 획득하는 것은 언제나 받아들일 수 있는 정도를 한참 넘어서기 마련입니다. 장자는 일찍이 이미지를 활용해 이 점을 지적한 바 있습니다.

"굴뚝새의 둥지는 깊은 숲속에 있지만 가지 하나로 족하고, 두더지는 강물을 마시지만 배를 채우면 족하다."(「소요유」)

사람이 일단 정신을 이와 같은 외부의 추구에서 소모해 버리면, 생명 자체의 자양분에는 문제가 생기기 마련입니다. 천기가 얕다는 것은 이 점을 가리키는 것이죠. 지식에 대해서, 장자는 무한한 지식 추구에 반대했습니다(「양생주」). 어쨌거나 지식의 누적이 반드시 지혜의 증가로 이어지는 것은 아니니까요. 그래서 온통 머리칼을 흐트러뜨리고 얼굴에 때가 끼도록 『시경』과 『서경』을 읽는 지식인은 그가 아주 기꺼워하는 모습이 아니었습니다. 물질에 대해서도 마찬가지지요. 온 집안에 진기한 것들, 금은보화를 발 들여 놓을 틈도 없이 잔뜩 쌓아 놓고 있는 수집가를 생각해 봅시다. 그런 것은 물질로 인해 사람이 사라진 것이라고도 할 것입니다.

소식은 송대의 인물로 팔방미인이라 불릴 만큼 재능이 넘치는 사람이었습니다. 그는 서예와 그림을 좋아했고, 좋아하는 작품을 만나면 결국 꼭 소장하곤 했습니다. 그러나 누군가 그것을 가지고 가더라도 그리 대단히 여기지 않았습니다. 아파하고 안타까워하는 일이 없었던 겁니다. "아지랑이와 안개가 눈앞을 스쳐가듯, 온갖 새들의 노래가 귀에 들리듯"(『보회당기』) 여겼지요. 그는 아주 분명히 알고 있었습니다. "군자는 사물에 뜻을 둘 수 있지만, 그 뜻을 사물에 매어 두어서는 안 된다. 사물에 뜻을 두더라도 소소한 대상을 즐거움으로 삼는 데 그쳐야지, 지나치게 매혹적인 대상에 병이 되도록 매달려서는 안 된다. 뜻을 사물에 매어 두면 소소한 대상에도 병이 되도록 집착하고 매혹적인 대상조차 즐거움으로 삼을 수 없게 될 것이다."

사람에게는 누구나 욕망이 있습니다. 욕망이라는 대상도 소식이 이른바 '사물'에 대한 태도와 같이 대하는 것이 옳습니다. '뜻을 매어 두면' 안 되는 것이지요. 그러니까 너무 '탐닉'해서는 안 됩니다. 그것이 바로 '천기'를 보존하는 방법입니다.

도 안에서 모두를 잊다

36

샘물이 말라서 물고기들이 뭍으로 올라오게 되었다. (그러나) 서로 입김을 불어주고 침을 내어서 발라 주더라도 강과 호수를 노닐며 서로를 잊고 지내는 것만 못할 것이다.

—「대종사」

'서로 침을 내어서 발라 준다'라는 말은 오늘날 의심할 나위 없이 부정적인 의미를 지니고 있습니다. 장자는 이에 대해 전혀 아무런 이의가 없는 것처럼 보이지요. 장자는 위험한 지경에 놓인 물고기들이 서로에게 보이는 행동과 우정을 아주 세심하게 관찰했습니다. 그리고 아주 명확하고도 친절한 충고를 건네고자 하지요. 감정이 있는 사람이 이와 같은 상황을 전혀 슬퍼하지 않거나 물고기에게 연민을 느끼지 않기란 쉬운 일이 아닙니다.

그러나 장자는 다른 사람들과는 분명 다릅니다. 어쩌면 보통 사람들이 어떤 사건을 대하며 오직 한 가지 생각만 하는 것과는 달리, 그는 뭔가 남다르게 느꼈다고도 할 수 있을 것 같습니다. 이 남다름은 시류를 뛰어넘는 그의 입장에서 나오는 것이라고도 할 수 있겠습니다.

장자는 세계 만물이 지니고 있는 본연의 상태를 생각하고 있기 때문입니다. 물고기는 마땅히 물속에서 살아가야 하지요. 물속에서라야 비로소 그들이 자유롭게 노닐 수 있는 겁니다. 물을 떠난다는 것은 자연스러운 생명의 상태를 떠난다는 뜻입니다. 생존 조건의 왜곡이라 할 수 있겠지요. 그러니 물고기가 뭍으로 올라온다면 서로 어떻게 지지하고 살아남으려고 애쓰더라도 결국 비극적인 결과를 얻을 뿐입니다.

사람의 경우로 돌아와 봅시다. 『장자』 「지북유」에서는 노자의 말을 인용하고 있습니다. 이 말은 『노자』 제38장에 실려 있지요. "먼저 도가 있고 나중에 덕이 있었으며, 덕을 잃고 나서야 나중에 인이 있었다. 인을 잃고 나서야 의가 있었으며, 의를 잃고 나서야 예가 생겨났다." 인의라고 하는 것은 유가 사상에서는 무엇과도 바꿀 수 없이 중요한 가치입니다. 그러나 노자와 장자 같은 도가 사상에서는 다음과 같은 사실을 매우 예리하게 지적하지요. 인의라는 것은 진정한 의미에서의 도덕이 사라진 다음에야 비로소 나타나는 부차적인 경지이며, 진정한 도덕이 늘 존재하는 세상에서 인의는 굳이 필요치 않은 것입니다. 물고기가 물속에 있을 때는 서로 입김을 불어주고 서로 침을 내어 발라 줄 필요가 없는 것과 마찬가지입니다.

인의와 같은 긍정적인 가치가 불필요한 것이라면, 선악의 구분 또한 불필요할 것입니다. 장자는 이어서 이렇게 말했습니다. "요 임금을 찬양하고 걸 임금을 비난하느니, 차라리 둘 다 잊고 도를 실행하는 것이 낫다." 성인인 요와 폭군인 걸 사이에서 경중을 따지며 시비를 가리느니, 차라리 둘 다 잊고 도로 돌아가는 것이 옳다는 뜻이겠지요.

도로 돌아간다는 것은 물고기가 물로 돌아가는 것과 같은 것을 의미합니다. "물고기는 강과 호수에서 서로를 잊어버리고, 사람은 도 안에서 서로를 잊어버린다."

혼돈에게 한 표를

37

남쪽 바다의 주인을 숙이라고 하고, 북쪽 바다의 주인을 홀이라고 하며, 가운데 바다의 주인을 혼돈이라 한다. 숙과 홀은 시시때때로 혼돈의 땅에서 서로 만났고, 혼돈은 그들을 매우 잘 대접했다. 숙과 홀이 혼돈이 베풀어 준 덕에 보답하고자 의논하면서 말했다. "사람은 모두 일곱 개의 구멍을 가져서 보고 듣고 먹고 숨쉬는데, 혼돈만 이를 가지지 못했으니 그것을 뚫어 주면 어떨까." 하루에 하나씩 구멍을 뚫었는데, 이레가 되니 혼돈이 죽었다.

—「응제왕」

혼돈에 대한 이야기는 장자의 기본 사상을 여러 모로 표현하고 있습니다.

먼저, 혼돈의 이미지는 총체성을 의미합니다. 그것은 분열되었거나 산산이 부서진 조각들이 아닙니다. 이것은 바로 원초적인 세계의 상태에 대한 장자의 상징적 비유라 하겠습니다.

다음으로, '숙'과 '홀'의 의미는 매우 빠른 것을 가리키며, 시간의 흐름을 암시합니다. 시간의 장력 안에서 세계는 부단히 변화하지요. 이 또한 장자 시대의 고대 철학자들이 반복해서 생각했던 문제입니다.

그다음으로, 시간의 흐름에 따라 모든 세계에는 균열이 나타납니다. 이 균열은 우선 원초적인 총체성과 그 결속을 갈라놓고 혼돈의 본성을 죽음에 이르도록 만듭니다. 이레라는 시간은 세계가 창조되는 이레가 아니라 원초적인 총체성이 훼손되는 이레인 것입니다.

그다음으로, 장자는 분석적인 태도로 이 세계에 대한 비판적인 입장을 유지합니다. 이 분석적인 태도는 숙과 홀이 "하루에 하나씩 구멍을 뚫"는 행동에 국한되는 것이 아니고, 혜시나 공손룡과 같은 명가의 지식인들이 보여 주는 정신적인 활동에 대해서도 마찬가지로 적용되지요. 이와 대조적으로, 만물과는 서로 상통하는 태도를 유지합니다. 세상 만물의 다채로움 자체를 직시하지요.

마지막으로, "사람은 모두 일곱 개의 구멍이 있다"라는 일반적인 상태를 모든 대상에 요구하는 태도, 그러니까 만물이 지닌 나름의 고유성을 고려하지 않고 한 가지만을 강조하는 태도에 대해 장자는 받아들일 수 없다는 태도를 분명히 하고 있습니다. 예를 들어, 장자는 혜시가 물을 담는 기능을 조롱박의 가치를 결정하는 유일한 기준으로 삼는 것에 대해, 그러한 기준으로 지나치게 큰 조롱박의 가치를 평가 절하하는 것에 동의하지 않습니다. 그렇게 큰 조롱박이라면 왜 그것을 타고 강이나 호수 위를 떠다닐 생각을 하지 않는가 하고 반문하지요.

만약 장자 사상의 주요한 관념을 대표하는 이미지를 꼽으라면, 저는 '혼돈'에 한 표를 던지겠습니다. 노자로 바꿔 말한다면, '물'에 한 표를 던지는 것처럼 말입니다.

큰일에서는 흐리멍덩하지 않는다

38

작게 미혹되면 방향이 바뀔 뿐이지만, 크게 미혹되면 본성이 바뀌기도 한다.

—「병무」

어떤 사람들은 "작은 일에서는 흐리멍덩해도 큰일에서는 흐리멍덩하지 않는다"라는 말에 딱 들어맞는 모습을 보입니다. 이런 사람들은 밖에 나가서 무슨 일을 하면 꼭 뭔가를 빠뜨리거나 잊어버리고 종종 길을 잃지만, 중대한 선택의 기로에 섰을 때, 인생의 중요한 분기점에 섰을 때는 앞뒤를 세심히 살피고 상황과 이치에 합당한 결정을 내리지요.

장자 식으로 말하자면, 이들은 '작게는 미혹'되어도 '크게는 미혹'되지 않는 사람이라고 할 수 있을 겁니다. '작게 미혹'되면 방향을 잃을 뿐이지만, '크게 미혹'되면 근본, 즉 본성까지 잃게 됩니다. 숲속의 새가 집으로 돌아가는 일을 기억하는 것은 '작은 미혹'을 범하지 않는 것이지만, 새가 먹이를 위해서 목숨을 잃는 것은 바로 '큰 미혹'에 빠지는 일이지요.

'큰 미혹'에 빠지지 않으려면 남다른 지혜가 있어야 합니다. 도연명과 같은 이가 그런 부류에 속한다 할 수 있겠지요. 그도 일찍이 관리가 되었고 승진하기 위해 애를 썼던 적이 있습니다. 하지만 그는 결국 "길을 잃었으나 멀리 오지 않았다는 것을 알았고, 오늘처럼 하는 것이 옳고 어제까지 한 것이 그르다는 것을 깨달았으니"(「귀거래사」), "어려서부터 세상 시류에 걸맞지 않았고, 성정이 본디 자연의 삶을 사랑하였네"라는 사실을 깨우쳤습니다(「귀원전거」 제1수). 그래서 자신의 본성이 자연을 사랑하는 데 있고 소란스러운 관계에 있는 것과는 걸맞지 않다는 것을 깨닫고, 당당하게 몸을 일으켜 속세에서 물러난 뒤 자신의 본성에 맞는 편안한 삶을 찾아 전원으로 돌아갔지요. 도연명이야말로 "크게 미혹되면 본성이 바뀌기도 하는" 태도의 반례라고 할 것입니다.

우리가 사는 인간 세상에는 이와 같은 일들이 참 많이 있습니다. 세속적인 의미에서는 휘황찬란한 성공을 거둔 적이 없는 사람이 실제로는 자신의 본성을 잘 알고 '크게 미혹'되는 일이 없는 삶을 제대로 꾸려 나가며, 모든 일에 있어서 세심하게 따지고 지극히 뚜렷한 판단을 보이며 하는 일마다 성공하는 똑똑한 사람이 '큰 미혹' 안에 있으면서도 그렇다는 사실조차 깨닫지 못하고, 자신의 본성에 따른 큰 길을 저버리고 위험천만한 상황으로 성큼성큼 빠져드는 것을 목도하게 되지요.

살신성인이 옳은 일인가

39

소인은 이익을 위해 죽고, 선비는 명예를 위해 죽고, 대부는 가문을 위해 죽고, 성인은 세상을 위해 죽는다. 그러므로 이런 예들을 살펴보건대 그 목적과 공적이 다르고 명성의 차이는 있을지라도, 자신의 본성을 상하게 하고 결국 죽음에 이른다는 점에서는 모두 같다.

—「병무」

세상을 살아가는 데 있어서, 장자가 처음부터 끝까지 가장 중요하게 여긴 것은 사람의 생명이었습니다. 자신의 천성을 지키고 생긴 대로 편안하게 천수를 누리며 살아가는 것, 갑작스러운 죽음을 맞이하지 않고 자신을 망치지 않으면서 길이 그 상태를 유지할 수 있는 것이었지요.

그러나 우리는 살아가는 동안 언제나 수많은 유혹과 맞닥뜨리고 또 해야만 하는 수많은 의무를 지게 되지요. 그래서 더 많은 선택이 우리를 기다리고 있습니다. 각각의 상황에서 발생하는 구체적인 문제들은 다르지만, 그런 문제들은 그 사람에게 있어서는 언제나 해결하기 어려운 난제지요. 반면, 다른 사람들에게 있어서 그것은 전혀 문제될 것이 없는 것으로 보이기도 합니다. 예를 들어, 장사하는 사람들에게 있어서 '이익'은 시간과 장소를 가리지 않고 조급하게 구하는 바지만, 공자와 같은 성인이라면 손톱만 한 이익을 위해 큰 지향을 버리게 되는 일은 생기지 않을 겁니다. 그는 고원한 이상을 위해 끝까지 자신의 뜻을 지키려 하겠지요. 그러나 큰 사람은 큰 사람 나름의 어려움이 있을 겁니다. 누구라도 자신의 한계라는 게 있는 법이니까요. 성인이 '세상'에 뜻을 두었을 때는 그 역시 종종 이익을 추구하는 '작은 사람'과 마찬가지로 자신의 생명을 해치는 선택을 하게 됩니다.

아마도 성인이 세상을 위해 생명을 해칠 때는 분명한 자기 인식이 있을 테지요. 그것은 자신의 주관적인 선택의 결과이며, 소인들이 저도 모르게 이익에 매달려 스스로를 죽음의 길로 내모는 것과는 다르다고 생각할 수도 있을 겁니다. 공자께서는 이렇게 말씀하셨죠. "뜻을 둔 선비가 다른 사람에게 인하고자 한다면, 삶을 구하기 위해 인을 해치는 일을 하지 않으며, 삶을 해치더라도 인을 이루는 법이다."(『논어』「위령공」) 맹자께서도 말씀하셨습니다. "삶 또한 내가 바라는 바이며, 의 또한 내가 바라는 바이다. 두 가지를 함께 얻을 수 없으면, 삶을 버리고 의를 취할 것이다."(『맹자』「고자」 상) 이런 말씀들에서는 보통 사람들의 일반적인 견해와는 확연히 다른 기개가 느껴지지요.

그러나 장자는 또 이렇게 묻고자 합니다. 그것이 옳은 것인가? 어떤 목표를 위해서든지, 결국은 지금을 살아가고 있는 가장 소중한 생명을 잃어버리는 일이 아닐까? 성인이든 소인이든 "본성을 상하게 하고 몸을 죽게 한다"라는 점에 있어서는 다를 게 없지 않을까?

작은 도둑이든
큰 도둑이든 마찬가지

40

세상 사람들은 모두 뭔가를 위해 죽는다. 어떤 사람은 인의를 위해 죽어서 사람들이 그를 군자라 일컫는다. 어떤 사람은 재물을 위해 죽어서 사람들이 그를 소인이라 일컫는다. (그래도) 뭔가를 위해 죽었다는 점에서는 모두 같다. 군자라고 일컫기도 하고 소인이라 일컫기도 하는 경우가 있을 뿐이다.

—「병무」

어차피 모두가 "자신의 본성을 상하게 하고 결국 죽음에 이른다"라는 점에서 범하고 있는 잘못이 기본적으로 마찬가지라면, 그럼 그 가운데서 고하와 경중을 논하는 게 무슨 의미가 있을까요?

인의와 재물 사이에 분명한 차이가 있다는 생각은 세속적인 관념에서 나온 것입니다. 추구하는 목표에 고상함과 저열함의 차이가 있고, 그래서 군자와 소인이라는 서로 다른 이름을 붙여야 한다는 것입니다. 사실, 그럴 필요가 있을까요? 비유를 하자면, 누구는 동전 몇 푼을 훔치고, 누구는 황금 같은 진귀한 보배를 훔치는 것의 차이가 있더라도, 도둑질이라는 본질에는 차이가 없는 것이나 마찬가지일 텐데요. 크고 작음의 차이가 그리 큰 것일까요? 절도는 모두 자신의 것이 아닌 물건을 자기 것으로 만든 행위입니다. 가치의 크고 작음에는 차이가 있겠지만, 적은 돈을 훔친다고 해서 도둑질한 것이 아니라고 말할 수는 없지 않을까요?

장자는 『열자』에 등장하는 백이와 도척을 사례로 들었습니다. 백이는 원래 고죽국의 왕자였습니다. 그는 주나라 무왕이 폭군인 상나라 주왕을 정벌하는 것은 명분이 있는 일일지라도 하극상이라고 생각하고 그의 말고삐를 잡았습니다. 그는 주 무왕을 말리는 데 성공하지 못했지만, 스스로의 원칙을 지키기 위해 주나라의 곡식을 먹지 않고 결국 수양산에서 굶어 죽었습니다. 도척은 "구천 명의 무리를 이끌고 세상을 멋대로 쏘다니며" "다른 사람의 소와 말을 몰아내고 남의 여자들을 맘대로 취했"(「도척」)던 아주 유명한 강도로 결국은 동릉에서 죽게 됐지요. 그들 사이에는 '의'와 '리'의 서로 다른 지향이 있었습니다만, 자신이 원하는 것을 쫓아다니다가 죽게 되었다는 점에서는 마찬가지로 그 자신의 근본을 잃은 것이라 할 수 있습니다.

만약 정말 저승이라는 것이 존재한다면 말입니다. 백이는 도척을 동료로 여기지 않을지 몰라도 도척은 백이를 동지로 여길지 모릅니다. 도척도 '성(聖)', '용(勇)', '의(義)', '지(智)', '인(仁)'을 언급한 적이 있으니까요.

큰 도둑의 경험으로 이룬 큰 성공

41

무리 가운데 누군가 도척에게 물었다. "도둑에게도 도가 있습니까?" 도척이 말했다. "어찌 그에 합당한 도가 없겠는가? 집 안에 숨겨 놓은 물건을 추측하는 것이 성이요, 먼저 안으로 들어가는 것이 용이요, 나중에 나오는 것이 의이며, 할 것인지 하지 말아야 할 것인지 아는 것이 지이며, 동등하게 나누는 것이 인이다. 다섯 가지를 구비하지 못하면서 큰 도둑이 된 자는 세상에 아직 없었다."

—「거협」

강도에게도 '도'가 있을까요? 그들도 무슨 '성(聖)', '용(勇)', '의(義)', '지(智)', '인(仁)'을 논하며 중시할까요? 이것은 정말이지 세상을 깜짝 놀라게 할 만하고, 귀를 쫑긋 세우며 들을 만한 이야기가 아닐 수 없습니다!

그러나 다시 생각해 보면 그리 이상한 일도 아닙니다. '도'라는 말에는 원래 여러 가지 뜻이 담겨 있지요. 그 가운데 하나는 '방법'이라는 뜻입니다.

당나라 때의 문장가 한유는 유학을 부흥시키기 위해 매우 중요한 글 한 편을 써냈습니다. 바로 「원도」라는 글입니다. 그는 이 글의 첫머리에 이렇게 썼습니다. "널리 사랑하는 것을 일컬어 인이라고 하고, 마땅히 해야 할 바를 따라 행하는 것을 의라고 하며, 때에 따라 마땅한 바를 일컬어 도라고 하며, 외부 상황을 개의치 않고 스스로 충분할 만큼 도에 따르는 것을 덕이라고 한다. 인과 의에는 정해진 이름이 있지만, 도와 덕에는 정해진 위치가 없다." 한유는 '도'라는 것이 그것을 따라 행하는 일종의 방식, 경로를 뜻한다는 점을 분명하게 보여 주고 있습니다. '덕'이라는 것은 외부의 영향과 관련 없이 스스로 내적으로 갖추고 있는 것을 말합니다. 두 가지는 '정해진 위치가 없다'라고 했지요. 그 안에는 서로 다른 의미들이 채워질 수 있는 것입니다. 그러나 '인'을 '널리 사랑하는 것(博愛)'으로 규정하고, '의'를 합리적으로 마땅한 행위라고 한 것은 특정한 의미라고 할 수 있지요. 다시 말해, 유가의 관념을 체현한 것입니다.

정말로 '도'와 '덕'에 '정해진 위치가 없다'고 한다면, 그 안에는 서로 다른 가치가 채워질 수 있을 것입니다. 어째서 유가와 도가는 사용할 수 있는데, '도둑'은 사용할 수 없다는 말입니까? 도척의 '성', '용', '의', '지', '인'은 비록 유가의 용어를 빌린 것이기는 하지만, '도둑'의 행위에 부합하는 실질적인 내용을 담고 있습니다. 어디서 어떻게 이익을 취할 것인지, 무리들을 이끌고 어떻게 움직일 것인지, 퇴각할 때는 어떻게 동료들의 안전을 지켜야 하는지, 위험에 맞서 어떻게 책임을 져야 하는지, 도둑질의 성사 여부는 어떻게 판가름할 것인지, 손에 넣은 장물을 어떻게 공평하게 나눌 것인지 등의 원칙은 모두 '큰 도둑'이 되기까지의 경험에 의해 얻어진 것이라고 하겠습니다. 장자의 신랄한 기지가 바로 여기서 발휘되는 것을 알 수 있지요. 그리고 그의 이런 독특한 관점과 예민한 관찰력은 우리에게 다음과 같은 문제를 던져 줍니다.

우리가 일반적으로 긍정적인 가치로 여기고 있는 것들이 진실로 변함없이 긍정적인 쓰임을 가지고 있는 것일까요?

나쁜 사람들이 더 잘 가지고 논다

42

선한 사람들은 성인의 도가 없으면 제대로 서지 못하고, 도척과 같은 악인들은 성인의 도가 없으면 제대로 행하지 못한다. 세상에 선한 사람은 적고 선하지 않은 사람은 많으니, 성인의 도가 세상에 이익을 주는 바는 적고 세상에 해를 끼치는 바는 많다.

—「거협」

성인이 세상을 다스리는 이치와 그에 따라 만들어진 제도는 역사적으로 물론 긍정적인 의미를 많이 지니고 있습니다. 그러나 이러한 것들은 노자가 이미 지적한 바와 같이 '나라의 이로운 도구(利器)'이며, 이로운 도구라는 것은 어떤 사람이든 얻어서 쓸 수가 있는 것이지요.

우리는 앞서 이미 도척이 '성(聖)', '용(勇)', '의(義)', '지(智)', '인(仁)'과 같은 유가에서 숭상하는 가치를 이용해 큰 도둑의 경험을 포괄적으로 정리해 내는 것을 보았습니다. 이것은 성인의 도가 선한 사람들에게 활용될 뿐 아니라, 큰 도둑 또한 자신의 목적을 이루는 데 사용될 수 있다는 사실을 설명해 주는 게 아니겠습니까? 장자는 '성인의 도'를 단순한 '도구'로 파악하고 있는 것을 알 수 있습니다. 긍정적이거나 부정적인 의미는 쓰는 사람이 어떻게 쓰느냐에 따라 결정되는 것이지요. 세상의 수많은 생각들과 제도들이 대부분 그렇습니다. 그것들은 어떤 행위에 원칙과 근거를 제공하지만, 같은 행위라도 서로 다른 목적 아래서 전혀 다른 의미를 지닐 수 있는 것입니다. 막힘없이 탁 트인 큰 길이 사람을 구하기 위해 달리는 구급차의 통로가 되기도 하고, 사고를 일으키고 달아나는 악인들의 도주로가 되기도 하는 것이나 마찬가지입니다.

장자는 '성인의 도'에 대해 또 다른 관찰과 시각을 제시합니다. 나쁜 사람들이 이런 도구들을 더 잘 활용하고, 좋은 도구일수록 나쁜 사람들에게 더 많이 쓰인다는 것입니다. 생각해 봅시다. 만약 유가의 가치 범주가 없었다면, 도척이 어떻게 그렇게 자신의 경험을 정리해 낼 수 있었겠습니까! 장자는 일상생활 속에서 또 다른 사례들을 찾아 제시하고 있습니다. 사람들은 도둑맞지 않으려고 자물쇠를 꽁꽁 걸어서 물건을 보관합니다. 물론 이것은 잘못된 일이 아니지요. 하지만 큰 도둑이 들이닥치게 된다면, 자물쇠를 걸어 둔 궤짝까지 훔쳐 갈 겁니다. 큰 도둑은 그런 자물쇠를 전혀 두려워하지 않고 물건을 훔칠 것이기 때문이지요.

장자는 한 걸음 더 나아가 다음과 같은 사실을 지적합니다. 세상에 좋은 사람은 적고 나쁜 사람은 많으니 나쁜 사람이 '성인의 도'를 이용하는 사례가 좋은 사람이 이용하는 경우보다 훨씬 더 많으리라는 것이지요. 그러므로 전체적으로 보아서 '성인의 도'가 세상에 주는 이익은 적고 병폐는 많다는 겁니다.

여기서 장자의 사람에 대한 비관적인 관점이 두드러집니다. 유가, 그러니까 '성선'을 이야기했던 맹자와는 확연하게 다른 관점이지요.

큰 도둑의 두 손

43

> 고리 하나만 훔치는 사람은 죽임을 당하지만, 나라를 훔치는 사람은 제후가 된다. 제후 가문이 바로 인의가 존재하는 곳이다.
>
> —「거협」

앞서 제시한 바와 같이, 자물쇠를 걸어 둔 궤짝 이야기는 우리에게 큰 도둑과 작은 도둑의 구별이 있다는 사실을 알려줍니다.

작은 도둑은 허리띠의 고리 따위의 사소한 물건을 훔치지만, 큰 도둑은 나라 전체를 훔치기도 하지요. 이것은 단순한 우언(寓言)이 아닙니다. 오히려 장자 자신이 직접 목도한 가슴 떨리는 역사라고 할 수 있지요.

제나라는 당시 대국이었습니다. 촌락이 서로 맞닿아 있었고, 닭 우는 소리와 개 짖는 소리가 잇달아 들리는 번화한 지역이었으며, 사람들은 고기를 잡고 가축을 치고 농사를 짓거나 천을 짜는 등 모든 산업이 발달했습니다. 종묘와 사직, 갖가지 행정 단위와 조직들이 질서정연했지요. 그러나 제나라 대부였던 전씨는 전제적인 권력을 행사하며 제후의 지위를 찬탈했습니다. 몇 대가 지나자 제나라 군주의 지위는 완전히 대체되었으며, 전씨 가문의 행적은 도둑과 마찬가지였으나 "요순의 태평성대를 자처하며 작은 나라는 감히 아니라고 할 수 없고 큰 나라 또한 감히 주살할 수 없는" 지경이 되었죠. 이야말로 제나라 전체를 자물쇠로 꽁꽁 잠근 채 통째로 훔친 것이라 하겠습니다. 제나라 국내의 사정을 보면 모든 것은 예전과 마찬가지로 존재했고, 생활과 사회, 정치 등 모든 면에서 별다른 변동이 없었습니다. 전씨는 원래의 정치적인 틀을 완전히 계승했지요. 장자는 이러한 상황에 일침을 놓습니다. 이야말로 제나라와 그 '성인이 아는 법'을 동시에 훔쳐 낸 것이라고 말이지요.

이때 '성인이 아는 법'은 나라를 훔친 이에게 무엇보다 더 효과적인 도구가 되었습니다. 게다가 우리는 다음과 같이 상상해 볼 수도 있을 겁니다. 다른 사람의 나라를 훔친 사람에게는 그런 가치 표준들-예를 들어, 충과 의 같은 미덕들-을 지속적으로 유지할 필요가 있었을 테지요. 후대의 역사 속에서도 왕조와 왕의 자리가 바뀐 뒤 새로 들어선 왕조는 이전 왕조에 대해 온 힘을 다해 충성하고 새로운 왕조에 저항했던 이들에게 존중을 표시하고 또 이들을 치하하며 귀감으로 삼았습니다. 이런 일들은 모두 장자의 지적에 대한 좋은 사례가 되겠지요. 이때 '충의'와 같은 가치는 더 이상 현실적인 위험이 아니라, 체제를 옹호하고 그 정권의 합법성을 보장하는 이로운 도구가 되는 것입니다. 다른 한 손으로는 적나라한 폭력의 주먹을 내보이면서 말이죠.

이것이 바로 "제후 가문이 바로 인의가 존재하는 곳이다"라는 말의 참뜻입니다. 권력이 도의를 장악하고, 도의와 권력이 일체를 이루는 것이지요.

가장 좋은 통치자는 감각되지 않는다

44

군자는 세상에 군림하지 않는다. 마치 아무것도 하지 않는 것처럼 느껴진다.

—「재유」

장자의 머릿속에서 가장 좋은 것은 높은 곳에 위치해 통치하는 역할이 아니었습니다. 「소요유」에서 요 임금은 세상을 허유에게 양보하려고 하지만 허유는 결연하게 거부하면서 말합니다. "당신이 이미 세상을 잘 다스리고 있는데, 제사장이 굳이 부엌에 가서 조리장의 일을 빼앗아 할 필요가 없는 것처럼, 내가 당신을 대신할 필요는 없습니다." 그 자신의 삶에서도 장자는 초나라 왕이 그를 재상으로 삼고자 초빙하였을 때

차라리 진흙탕에서 물고기를 낚을지언정 가지 않겠다고 요청을 거부했지요(「추수」).

만약 어쩔 수 없이 그런 일을 하게 되었다면, 어찌할까요? "아무것도 하지 않는〔無爲〕" 겁니다. 이 "아무것도 하지 않는" 것은 모든 것을 포기하고 하는 일이 아무것도 없는 상태를 의미하는 게 아닙니다. 세상 만물의 자연적인 변화와 생장소멸에 따르면서 아무것도 억지로 하지 않고 멋대로 하지 않는 것을 말하지요. 묘목을 빨리 자라게 하려고 북돋우는 일은 멋대로 하는 것이고 억지로 하는 것이지요. 유종원이 쓴 글에는 곽씨 성을 가진 곱사등이 정원사가 등장합니다. 그는 나무가 뿌리를 내리고 가지를 펼 수 있도록 공간을 만들어 주고 원래 심었던 곳의 흙을 덮어 주는 등의 일을 하며 묘목을 심은 뒤에는 다시는 돌아보지 않았습니다. 한번 심은 뒤로는 나무 자체의 자연적인 성장을 방해하지 않도록 내버려두고 그 묘목이 타고난 성질을 보전할 수 있도록 "아무것도 하지 않"았던 겁니다(「종수곽탁타전」). 곱사등이 곽씨는 "아무것도 하지 않는" 것의 참의미를 깨달았던 것입니다.

도가의 철학자들은 정치적으로 일관되게 '무위'를 주장했습니다. 오천 자에 이르는 『노자』의 글은 반복적으로 이 점을 강조합니다. 예를 들어, "성인은 아무것도 하지 않음으로써 일을 하며, 말을 하지 않음으로써 가르침을 행한다"(제2장), "무위를 행하면 다스려지지 않을 것이 없다"(제3장), "나라를 사랑하고 백성을 다스리는 데 무위할 수 있는가"(제10장), "성인은 내가 아무것도 하지 않으니 백성이 스스로 이룬다고 했다"(제57장)와 같은 글이 그렇습니다. 이러한 말들은 장자의 표현과도 일맥상통하지요.

'무위'라는 정치 원칙을 준수하는 것, 그 가장 높은 경지는 다스림을 받으면서도 통치자의 존재를 느끼지 못하는 상태와 연관됩니다. 통치자를 경애하고 찬미하는 것은 그에 미치지 못하지요. 통치자를 두려워하거나 경멸하는 것은 더더욱 말할 나위가 없습니다. (『노자』 제72장에는 이렇게 적혀 있습니다. "가장 좋은 것은 아랫사람들이 그가 있다는 것을 알지 못하는 것이다. 다음으로는 가까이하며 그를 영예롭게 여기는 것이다. 그다음은 그를 두려워하는 것이다. 그다음은 그를 경멸하는 것이다.")

힘을 쓰는가, 아니면 마음을 쓰는가

45

기계를 가진 사람이 있다면 반드시 쓸 일이 생기는 법이요, 쓸 일이 있는 사람이 있다면 반드시 쓸 마음이 생기는 법이다.

—「천지」

인류의 진화 과정에서 중요한 이정표가 되는 것은 도구의 제작과 사용이라는 사건일 것입니다. 사람들은 더 이상 맨손으로 세상에 맞서 싸우지 않을 수 있게 되었으며 외부의 갖가지 위협과 삶의 난제들에 대응할 수 있게 되었습니다. 그러나 『장자』에 등장하는 어떤 사람은 새로운 도구의 사용에 반대하는 입장을 보입니다.

공자의 제자 자공이 한번은 한수 남쪽 기슭에서 어떤 노인이 텃밭에 물을 주고 있는 모습을 보았습니다. 그는 우물까지 길을 닦아서 옹기로 한 동이씩 물을 길어다 텃밭에 뿌렸지요. 노인은 무척이나 힘들게 일을 했지만 효율은 상대적으로 매우 적은 편이었습니다. 자공은 그에게 힘이 덜 들고 효과는 더 큰 물을 퍼 올리는 기계를 쓰라고, 나무로 앞은 가볍고 뒤는 무거워서 물을 훨씬 더 빨리 퍼 올릴 수 있는 기계를 만들라고 권했지요. 노인은 그 말을 듣고 자공에게 감사를 표하지도 않았을뿐더러 안색을 바꾸고 버럭 화를 내면서 자공을 책망했습니다. "기계를 써서 일을 편하게 하려고 들고, 일을 편하게 하다 보면 반드시 꾀를 부리는 마음이 생기는 법이오. 꾀를 부리는 마음이 생기면 그 마음에는 더 이상 순수함과 소박함이 깃들 수 없소. 그러면 정신이 안정을 취할 수 없게 되오. 그렇다면 어떻게 큰 도를 얻을 수 있겠소? 나는 기계를 사용할 줄 모르는 것이 아니라, 그것을 부끄럽게 여겨서 사용하기를 포기한 것이오!"

실제 표현의 관점에서 보건대, 노인은 분명 기계를 배척하고 있는 듯합니다. 그러나 그의 말에도 분명히 드러나 있는 것처럼, 술에 취하는 사람이 술에 뜻을 두는 것이 아닌 것처럼, 그가 기계 사용에 반대하는 근본적인 원인은 기계 자체에 있는 것이 아니라 그것을 사용하는 사람의 마음의 변화, 타고난 본성의 왜곡에 있습니다.

그래서 장자는 힘을 쓰기를 바랄지언정 마음을 쓰기를 바라지는 않았습니다.

호랑이는 아름다운가

46

> 타고난 그대로의 소박함은 세상에서 그와 아름다움을 다툴 것이 없다.
>
> —「천도」

소박하다는 말은 매우 일상적인 용어지만, 위의 글에서 '소박함'은 아마도 약간의 해석이 필요할 것 같습니다. 단순하고 평범한 것이 가장 아름답다는 말이겠지요. 이런 주장은 물론 맞는다고도, 틀리다고도 하기가 쉽지 않습니다. 하지만 장자가 말하고자 하는 참뜻이 담겨 있는 글이지요. 이렇게 물어 볼 수도 있을 것입니다. "호랑이의 몸에는 얼룩무늬가 있다. 그것은 무척이나 복잡하고 어지러워 보이는 것이다. 그렇다면, 이런 무늬는 아름답다고 할 수 있는 것인가?" 사실 이 점에서 '소박함'이란 다만 단순하고 평범한 미학적 기준으로 이해되어서는 안 될 것입니다.

여기서 말하는 '소박함'에서 '소(素)'와 '박(朴)'이라는 각각의 글자가 뜻하는 바를 먼저 살펴보겠습니다. '박'이라는 글자는 원래 다듬지 않은 목재 자체를 가리킵니다. 동한 시기 왕충이 쓴『논형』「양지」에 이런 해석이 있지요. "칼이나 도끼로 잘라내지 않은 것을 박이라고 한다." '소'라는 글자는 아직 염색을 하지 않은 천을 가리킵니다. 요즘에도 '소면조천(素面朝天, 꾸미지 않은 민낯으로 하늘을 본다)'이라는 말을 합니다만, 이 말은 꾸밈과 장식이 전혀 없는 상태를 가리키지요. '소박'이라는 말이 하나의 합성어가 되면서 두 글자의 공통점이 이 단어의 참뜻을 구성하게 되는 것입니다. 그러니까 타고난 원래대로의 성질과 상태에 아무런 변화를 일으키지 않은 것을 말하는 겁니다.

이러한 의미에서 「천지」 편에 등장하는 비유는 무척 분명하고 뛰어나다고 하겠습니다. 백 년 묵은 큰 나무가 베어지는데, 일부는 제사에 제수와 제주를 올리는 그릇으로 만들어져 온갖 채색을 입히고 알록달록한 아름다움을 갖추게 됩니다. 나머지 부분은 도랑이나 웅덩이 속에 버려지기 마련이지요. 이

두 가지는 속세의 눈으로 본다면, 아름다움과 추악함의 구별이 있겠지만, 그 타고난 원래대로의 성질과 상태를 잃었다는 점에 있어서는 매한가지입니다.

장자의 관점에서 가장 좋은 것은 아름다움이 아니라 본성의 상태를 보전하는 것임을 잘 알 수 있는 대목이지요. 장자에게 있어서 아름다움이란 그 생명의 본질을 드러내는 것입니다. 그렇다면, 호랑이의 반점이란 나면서부터 그런 것이니 장자 또한 틀림없이 고개를 끄덕이며 그 아름다움을 인정할 테지요. 굳이 손을 들어 그것이 추악하다고 지적하지는 않을 것입니다.

그래도 책은 읽어야 하는가

47

군주께서 읽고 있는 것은 모두 옛사람이 남긴 얼의 쭉정이일 따름이지요!

—「천도」

장자는 언어를 통해 정밀하고 미묘한 의미를 전달하는 인간의 능력에 대해 줄곧 회의적인 태도를 유지했습니다. 「추수」 편에서 이미 그는 언어가 '도'에 대해 할 수 있는 것이 아무것도 없다는 사실을 분명히 밝히고 있지요. 오직 현실 세계에서 '사물의 쭉정이'에 해당하는 부분에 대해서만 언어적 효과를 기대할 수 있는 겁니다. '사물의 고갱이'에 대해서는 오직 사유와 상상에 의지할 수 있을 뿐이지요.

'사물의 쭉정이'는 우리가 이해할 수 있습니다. 그것은 무척이나 분명한 것이어서 구체적으로 감각할 수 있는 대상이기 때문이지요. '사물의 고갱이'는 무엇을 가리키는 것일까요? 아래의 이야기를 살펴봐 주십시오.

한번은 제나라의 군주인 환공이 전당 위에서 큰 소리로 책을 읽고 있었는데, 수레의 바퀴를 만들던 윤편이라는 이름의 장인이 손에 들었던 도구들을 내려놓고 환공에게 다가가 이렇게 물었습니다. "군주께서 읽고 계신 것이 무엇입니까?" 환공이 대답했습니다. "성인의 말씀이니라." "성인께서는 아직 이 세상에 계십니까?" "세상을 떠나셨지." "그렇다면, 군주께서 읽고 계신 것은 모두 옛사람이 남긴 얼의 쭉정이와 찌꺼기일 뿐이군요!" 환공은 화를 냈습니다. "과인이 책을 읽고 있는데, 수레바퀴나 만드는 너같이 하찮은 장인이, 어찌 이러쿵저러쿵 말을 하는 게냐! 그런 말을 하는 이치가 타당하다면 또 모르겠지만, 그런 말을 하는 이유를 제대로 대지 못하면 죽을 죄가 되느니라." 윤편은 다음과 같이 대답했습니다. "그렇다면 제가 하는 일을 가지고 답을 드리겠습니다. 나무를 베어 수레바퀴를 깎는데, 구멍이 너무 헐거우면 수레가 안정되지 않고, 구멍이 너무 꽉 끼면 들어가지 못합니다. 아주 딱 들어맞아야만 하지요. 손에 익은 그와 같은 감각은 마음으로는 분명히 알 수 있는 것이지만, 말로 설명해 낼 방법이 도무지 없습니다. 이 일을 하는 데도 치수라는 것이 있고 기술이라는 것이 있기는 합니다만, 제 아들에게도 그 관건을 제대로 설명하기가 어렵습니다. 제 아들도 저한테서 그 점을 제대로 배워 갈 수가 없지요. 그래서 제가 지금 일흔이 되는 나이에도 여기서 수레바퀴를 깎고 있는 것입니다. 옛날 사람들은 이미 세상을 떠났으니, 그분들이 가지고 계셨던 것도 지금 전하는 것이 불가능하지요. 그러니 군주께서 읽고 계신 건 결국 고인들이 남긴 쭉정이와 찌꺼기일 뿐이라는 겁니다!"

윤편이 오직 수레바퀴에 어쩌고저쩌고 한 것에 불과하다면 그 말은 결국 '사물의 쭉정이'에 속할 뿐일 겁니다. 그러나 그가 언급한 것은 수레바퀴를 깎는 기술과 치수 등에 대한 것이었습니다. 그러나 그 기술과 치수의 핵심적인 내용은 또한 말로는 모두 전해질 수 없는 것이지요. 도리어 손의 실천을 통해서만 서서히 깨달아지고 마음으로 이해하게 되는 겁니다. 이야말로 '사물의 고갱이'라고 할 수 있지요. 기술이 제아무리 고강하고 절묘하더라도 '도'는 아닙니다. 그것이 대면하고 있는 것은 여전히 '사물' 그 자체의 세계지요.

환공으로 돌아가 봅시다. 장자는 우리에게 그가 윤편의 견해를 용납했는지 어떤지 말해 주지 않았습니다. 어쩌면 그는 그로 인해 책을 내버려두고 윤편을 따라 수레바퀴 만드는 법을 배우러 갔을지도 모르지요. 문혜군이 백정이 소를 해체하는 모습에서 양생의 도를 깨달았던 것과 마찬가지로 환공도 어쩌면 무엇인가를 깨달았을지 모릅니다.

서시가 가슴앓이를 하지 않았더라면

48

서시는 가슴앓이가 있어서 자주 찌푸렸다. 그 마을에 사는 못생긴 이가 사람들이 그를 보고 아름답다 여기자 자신도 가슴을 누르며 찌푸리는 표정을 지었다. 그 마을에 사는 부유한 이는 그를 보고 문을 굳게 걸어 잠그고 밖으로 나오지 않았으며, 그 마을에 사는 가난한 이는 아내와 자식의 손을 잡고 달아나 버렸다. 그 사람은 찌푸리는 표정이 아름답다는 것만 알았지, 찌푸리는 표정의 아름다움이 어디서 기인한 것인지 알지 못했던 것이다.

—「천운」

"타고난 그대로의 소박함은 세상에서 그와 아름다움을 다툴 것이 없다"라는 말은 타고난 원래의 성질을 지키는 것이 아름다움을 의미하는 것입니다. 이에 따라 '동시효빈(東施效顰)'이라는 고사성어의 진정한 의미를 알 수 있지요.

서시의 찌푸린 얼굴이 아름다운 까닭은 사실 그녀가 미인이었기 때문입니다. 그녀의 모든 것이 아름다워서 찌푸린 얼굴마저 아름다웠던 것이지, 가슴앓이라는 '병' 때문에 아름다웠던 것이 아닙니다. 그녀의 아름다움은 '가슴앓이'에서 오는 것이 아니었지요. 동시가 따라 하는 찌푸린 얼굴이 더욱 추악해 보였던 것은 그녀 자신이 원래 추악한 용모를 지녔기 때문이 아니라, 그녀에게는 원래 '가슴앓이'라는 '병'이 없고, 그러므로 그 찌푸림은 자연적으로 만들어진 것이 아니라 일종의 거짓된 꾸밈이었기 때문입니다. 동시는 세상 사람들이 인정하는 미의 기준에 따라 짐짓 자신을 꾸미려 했고 도리어 그 자신의 타고난 아름다움을 잃어버리게 된 것입니다. 이렇게 생각해 볼 수도 있겠습니다. 만약 서시가 '가슴앓이'를 해서 '찌푸려' 보였던 것이 아니라면, 장자가 신랄하게 비꼬며 우스개로 삼았던 것은 서시라는 미인이었을지 모릅니다.

이처럼 자신의 본성을 저버리고 맹목적으로 세간의 일반적인 가치 기준에 따르는 행위에 대해 장자는 일관되게 비꼬며 풍자했습니다. 그 유명한 '한단지보(邯鄲之步)'라는 고사성어 역시 마찬가지입니다. 연나라 수릉 지역에 사는 어떤 젊은이가 조나라 수도 한단에 가서 그 걸음걸이를 배웠지만 새로운 것을 제대로 배워 익히지 못했을뿐더러 원래 자신이 걸음을 걷던 방식조차 잊어버리고 말았습니다. 결국 그는 기어서 집으로 돌아갔다고 하지요. 장자의 관점에 따르면, 이러한 결과는 처음부터 예측 가능한 것이 아니었겠습니까?

사실 '찌푸림'은 그저 남은 흔적에 불과한 것입니다. '동시효빈'이라는 고사성어는 동시가 저지른 잘못된 행동의 외면만을 지적하지요. 하지만 정말 장자가 지적하고자 했던 것은 아마도 '동시효심(東施效心)', 즉 서시를 따라 하려다 자신을 잃어버린 그 마음이었을 겁니다.

멱을 감는 원숭이는 관을 쓰지 않는다

49

물로 가는 데는 배만 한 것이 없고, 뭍으로 가는 데는 수레만 한 것이 없다. 배는 물 위로 갈 수 있는 것이지, 그것으로 뭍을 가고자 한다면, 죽었다 다시 살아도 몇 척조차 갈 수 없을 것이다.

—「천운」

현실에서는 아마 배를 뭍에 띄우고 수레로 물 위를 달리려는 사람이 없을 것입니다. 그렇다고 한다면 "죽었다 다시 살아도 몇 척조차 갈 수 없을 것"이라는 말은 기껏해야 달팽이보다 느린 걸음으로 간다는 뜻에 불과하겠지요. 수레가 물속에 들어가는 것은 더할 나위 없는 재앙이 아니겠습니까! 그런 건 에어버스가 날아다니는 영화 속에서나 가능한 일이겠지요.

우리가 이 글에서 알 수 있는 것은 아마도 어떤 행위든 특정한 조건에서 의미가 있다는 사실일 겁니다. 외부 조건의 특징과 한계를 배제하고 억지로 어떤 일을 행하면 효과를 얻을 수가 없는 법이지요. 그러나 장자의 이 글이 본디 목적한 바는 유가의 치세 관념을 비판하는 데 있다고 하겠습니다. 공자는 하, 상, 주 세 왕조의 득실을 따져서 선왕의 업적을 모범으로 삼고 따라 배우며 개인의 욕망을 자제하고 예의를 되돌림으로써 사회 질서가 붕괴해 가던 당시의 상황을 바로잡고자 했습니다. 그러나 장자가 보기에 과거의 세계는 설사 그것이 황금시대였다 하더라도 현재와는 멀리 동떨어진 것이었습니다. 말하자면, 물과 뭍의 서로 다름이나 마찬가지였던 것입니다.

주례를 공자가 살았던 시대의 노나라에 적용한다고 합시다. 그 결과는 결국 뭍 위에 배를 띄우고 물 위에서 수레를 달리는 것과 다를 게 없을 것입니다. 장자는 모든 치세의 예의 법도도 마땅히 "시대에 따라 변화해야 하는 것"이며 시대에 발맞추어 앞으로 나아가야 한다고 생각했습니다. 성인 주공의 옷을 가져와서 원숭이 몸에 걸쳐 준다 한들, 원숭이가 기뻐하겠습니까? 원숭이는 틀림없이 온 힘을 다해 몸부림치며 벗어나려 할 것입니다. 입으로 물어뜯고 옷을 당기고 끌며 모두 벗어버릴 때까지 안간힘을 다한 뒤 옷을 벗어 버리기 무섭게 달아날 것입니다.

장자의 묘사는 생동감이 넘칩니다. 옛날 옛적의 예의를 가져와 오늘날의 이치로 활용하는 것은 불가능하다는 점을 분명히 말하고 있지요. 그러나 흥미로운 점은 그가 공자의 견해를 반박할 뿐 주공 자체를 반대하지는 않았다는 것입니다. 그도 주공의 예의 제도가 여전히 훌륭하다는 사실에는 동의합니다. 다만 오늘날은 더 이상 인간의 시대가 아니라 적자생존과 같은 자연의 법칙이 통용되는 동물의 왕국이라는 점을 다시 한번 확인할 뿐입니다.

여가는
사유의 온상

50

형체(形)를 고단하게 하고도 쉬지 않으면 망가진다. 정신(精)을 소모하면서 그치지 않으면 고단하다. 고단하면 바닥까지 말라붙게 된다.

—「각의」

도가는 생명을 잘 기르고 보존하는 것을 가장 중요하게 여겼습니다. 생명은 기본적으로 형체와 정신의 두 가지 층위로 나눌 수 있지요. 형체와 정신의 두 가지 측면 모두 지나치게 고단해지면 안 됩니다.

형체의 고단함에 대해서는 『장자』「달생」에 다음과 같은 이야기가 있습니다. 그 묘사가 매우 생생하지요. 동야직은 마차를 잘 몰았습니다. 그가 노나라 장공을 알현하였는데, 마차가 나아가고 물러나는 모양이 먹줄로 직선을 그은 것처럼 반듯했고, 모퉁이를 돌 때도 완벽해서 궤적이 마치 컴퍼스로 그린 것처럼 둥글었습니다. 노나라 장공은 그 모습을 보고 놀라워 감탄을 금치 못하며 그를 고금에 제일이라고 칭찬했습니다. 그래서 동야직은 다시 수레를 몰아 몇 바퀴 더 돌았습니다. 안합이 그 모습을 보고 장공에게 말했지요. "동야직의 말이 곧 버티지 못할 것입니다!" 장공은 그렇게 생각지 않았기에 아무 말도 하지 않았습니다. 얼마 지나지 않아, 과연 말은 버티지 못하고 쓰러졌습니다. 장공이 안합에게 물었지요. "경은 대체 어떻게 안 것이오?" 안합이 말했습니다. "말이 이미 있는 힘을 다했는데도 계속해서 그를 몰아댔으니 버티지 못할 것이 자명하지요."

정신의 측면도 마찬가지입니다. 서구에는 "여가는 사유의 온상"이라는 말이 있습니다. 중국 남조의 제나라, 양나라 때 유협이라는 사람이 있었습니다. 그는 고대 중국에서 가장 체계적인 문학이론 저작을 써낸 사람이지요. 그 책에서 문학 창작이라는 정신적인 활동에 대해 언급하면서, 그는 절대로 정신이 피로해서 지치고 긴장하게 해서는 안 된다는 주장을 폈습니다. 마땅히 마음 가는 대로 편안하고 가벼운 상황에서 창작에 임해야 한다고 했지요. 역사적으로는 이른바 고달픔을 호소하는 시인들의 작품을 많이 보게 됩니다. 마치 유협의 주장과는 전혀 다른, 정반대의 결과로 보이지요. 그러나 형체와 정신의 힘을 너무 많이 소모하게 되면 도리어 한계에 부딪치게 됩니다. 당대의 시인 가도의 예를 들어 볼까요? 그는 "연못 바닥에 비친 그림자 외로이 가며, 여러 차례 나무 곁에서 몸을 쉬노라", "삼 년 동안 두 구절을 얻었고, 한 마디 신음에 두 눈물이 흘렀네"라는 글을 쓰기도 했지요. 이처럼 고달픔을 호소하는 시인들의 작품은 결국 주류가 되지 못했습니다.

현대 사회에서도 형체와 정신, 신체와 심리의 두 가지 측면을 잘 기르고 보존하는 것은 여전히 중요한 문제입니다. 오히려 더더욱 두드러지게 중시되는 경향이 있지요. 어렵고 힘든 일일수록 마음을 편히 갖고 임해야 한다는 의견들이 힘을 얻고 있지요. 워라밸 시대에 '여가'는 더 많은 사람들의 주목을 받고 있지 않나요?

순수한 즐거움은
생명에 뿌리를 내린다

51

옛날에는 뜻을 얻었다는 것이 수레와 관모를 얻음을 일컫는 것이 아니었고 더할 나위 없이 즐거움을 가리킬 따름이었다. 지금 뜻을 얻었다고 하는 것은 수레와 관모를 얻었음을 가리킨다. 수레와 관모가 몸에 있다 한들 생명 자체는 아닌 것을. 사물은 어쩌다가 와서 몸에 의지하는 것뿐이다.

—「선성」

이백은 시에서 이렇게 읊었다. "사람이 태어나 뜻을 얻으면 모름지기 즐거움을 다할 것이라."(「장진주」) 그가 말하는 '사람이 태어나 뜻을 얻음〔人生得意〕'은 아마도 평생의 정치적인 포부를 펼치며 "임금을 위해 담소를 나누어 북방을 안정"(「영왕

동순가」 11수 가운데 제2수)시키는 일이거나 도가의 선경으로 날아가 "무지개로 옷을 삼고 바람으로 말을 삼았더라. 구름 같은 님들이 펄럭펄럭 나는 듯 오시네. 호랑이가 비파를 타며 난새가 수레를 돌리나니, 신선들이 어지러운 삼실 같더라"(「몽유천모음유별」)는 선경에 오르는 것이었겠지요. 시선의 즐거움에는 이유가 있었습니다. 그 이유는 장자가 보기에는 어쩌면 참으로 가치가 있는 즐거움은 아니었을지 모릅니다. 장자는 세속적인 공적에 대해 동의하지 않았으니까요. 영원히 사는 일에 대해서도 역시 자연스럽지 않다고 여겼습니다.

세상 사람들이 모두 중요하게 생각하는 지위와 권세에 대해서도 장자는 우연히 얻어지기도 하고 우연히 사라지기도 하는 것이라 여겼지요. 「전자방」에는 손숙방의 이야기가 실려 있습니다. 견오가 그에게 이렇게 물었지요. "세 번이나 영윤이 되셨다가 세 번이나 물러나셨습니다. 그런데 어째서 좋아하거나 분노하거나 슬퍼하거나 원망하지 않으십니까?" 그는 이렇게 대답했습니다. "그런 것들은 모두 왔을 때 물리칠 수 없고 떠날 때 잡을 수 없는 것이다. 득실이 모두 나에게 달린 것이 아니기 때문이지. 그래서 걱정하는 기색도 없는 것이고. 내게 무슨 남보다 나은 구석이 있겠느냐!" 권세와 지위는 모두 타고난 그대로의 생명에 고유한 것이 아니라 우연히 찾아오는 것입니다. 그저 잠시 내 곁에 머물렀다가 가는 것이죠.

장자가 마음을 기울인 것은 진정으로 순수한 즐거움이었습니다. 이러한 즐거움은 생명 자체에 뿌리를 내리는 것이고 사람의 본성 가운데 깃드는 것입니다. 본연의 생명을 보전할 수 있어야 누릴 수 있는 가장 가치 있는 즐거움이지요. 이와 같은 즐거움은 세상 사람들이 인정하는 갖가지 외부적인 가치에 의해 늘어나거나 줄어들지 않습니다. 이야말로 장자가 인정하는 '뜻을 얻음(得志)'이라 할 것입니다.

파리에서 선포하는 유행 컬러

52

사물에서 자신을 희생하고 세속에 따라 본성을 잃는 사람을 일컬어 도치된 사람이라고 한다.

—「선성」

도치라는 것은 본말이 전도되었다는 의미입니다. '사물'은 '나'(자신)와 대치되는 말이고, '세속'은 '본체'(진정)에 상대되는 말이지요. 자아를 상실하고 진정한 본체를 상실하는 것은 본말이 전도됨을 가리키는 말이지요.

외부의 사물과 자아 사이에서 중점을 파악하지 못하고 오로지 외부의 사물만을 추구하며 자신을 돌아볼 줄 모르는 상황은 고금의 역사를 통틀어 매우 자주 찾아볼 수 있습니다.

"사람은 재물을 위해 죽고, 새는 먹이를 위해 죽는다"라는 말에서 '재물'과 '먹이'는 모두 외부의 사물을 가리킵니다. 생각해 봅시다. '재물'과 '먹이'를 취하는 목적은 어디에 있습니까? 더 자유롭고 편안하게 생존하고 생활하기 위해서 필요한 것이 아닙니까? 그러나 수단을 위해서 목적을 잃는다면, 이러한 수단을 구하기 위해 생명마저 잃는다면, '재물'이나 '먹이'는 누가 누리게 되는 걸까요?

세상의 유행이라는 것은 사람을 움직일 수 있는 힘이고, 그것도 무척이나 강력한 힘이라고 할 수 있습니다. 특히, 현대사회에서 정보의 발달과 유통은 일반적인 관념의 전파와는 확연히 다른 차이가 있지요. 예전에는 한 가지 관념이 대규모로 전파되기 위해서는 아주 긴 시간을 필요로 했지만, 지금은 "푸른 개구리밥 위에 바람이 불어" 오는 듯싶으면 어느새 "성난 대지가 커다란 입을 벌리는"(송옥, 「풍부」) 수준으로 몰아쳐옵니다. 그 효과가 무척이나 큰 것이지요. 브라질의 나비가 날갯짓을 한 번만 해도 뉴욕에는 한바탕 폭우가 쏟아진다고 하지요. 얼마나 많은 사람들이 세속의 영향을 피할 수 있겠습니까? 다른 한편으로 이런 생각도 해 볼 수 있을 겁니다. 이처럼 세상에서 폭넓게 유행하는 것이 각각의 개성에는 얼마나 부합하는 것일까요? 예를 들어, 파리에서 공표된 유행 컬러는 동양 사람들의 생김새와 피부색, 또는 심미적인 취향에 어느 정도 부합하는 것일까요?

문제는 차이 그 자체가 아니라 현대의 세계가 미증유의 풍부함으로 차이의 즐거움을 즐길 기회를 제공한다는 데 있습니다. 문제는 "신기한 것을 보면 생각이 달라진다(見以思遷)"는 인간 본성에 있는 것입니다. 다른 것을 보면 사람의 마음은 달라지기 마련이지요. 자신의 상황을 돌아보지 않고 그것을 쫓아가려는 마음이 생깁니다. 그러다 결국 자신의 본질을 잃을 수도 있겠지요.

지나치게 교양이 있어서도 안 된다

53

우물 안의 개구리는 바다에 대해 말할 수 없다. 작은 공간에 얽매였기 때문이다. 여름 벌레에게는 얼음에 대해 말할 수 없다. 짧은 시간만을 굳게 믿는 까닭이다. 곡사에게는 도를 말할 수 없다. 구구한 가르침에만 속박되기 때문이다.

—「추수」

「추수」에는 북해약이 하백을 깨우치는 이야기가 나옵니다. 자세하게 분석을 해 보면 두 가지 비유로 하나의 결론을 이끌어 내고 있지요. 앞의 두 문장은 비유이고, 뒤의 한 문장은 결론입니다. 우물 안의 개구리에 대해서는 '허(虛)'라는 글자로 그가 사는 우물 안을 가리키고 있습니다. 이것은 우리 삶 속의 유한한 공간을 가리키기도 합니다. 그래서 좁은 식견을 가지고서 스스로 득의양양한 모습을 가리켜 '우물 안 개구리'라는 비유를 쓰곤 하지요. "여름 벌레에게는 얼음에 대해 말할 수 없다"라는 말에서는 '시간'의 관점이 부각되고 있습니다. 이 두 구절은 공간과 시간이라는 관점에서 "작은 앎은 큰 앎에 미치지 못한다"(「소요유」)라는 이치를 지적합니다. 문제의 근원은 바로 생존의 환경이라고 하겠습니다.

이 비유들은 "곡사에게는 도를 말할 수 없다. 구구한 가르침에만 속박되기 때문이다"라는 구절과 대비를 이룹니다. 아마도 이 주장을 펼치기 위한 준비였다고도 할 수 있을 겁니다. '곡사(曲士)'는 식견이 부족하고 편협하게 자기주장을 고집하는 사람이지요. 『장자』에서는 이에 대해 여러 차례 언급하고 있습니다. 예를 들어, 「천도」에서는 '변사(辯士)'를 '자신의 주장만을 끝끝내 고집하는 사람(一曲之士)'이라 여겼고, 「천하」에서는 '두루 살필 줄 모르는(不該不遍)' 사람이 곡사라고 했습니다. 곡사가 도리에 밝지 못한 것은 그가 받아들인 지식과 교양에 한계가 있기 때문이지요. 이것은 음미해 볼 가치가 있는 말입니다. 일반적으로 지식은 긍정적인 것으로 간주됩니다. 그러나 도가의 입장에서 보면, 지식이라는 것은 어떤 대상을 긍정하는 동시에 사실 다른 사물들을 부정하기 마련입니다. 주는 동시에 빼앗아 간다고도 할 수 있겠지요. 지식이라는 것은 그 자체로 전체 우주의 완전함에 대한 일종의 파괴인 셈입니다. 「천하」 편에는 다음과 같은 경고가 보입니다. "하늘과 땅의 아름다움을 판단하는 것, 만물의 이치를 분석하는 것, 옛 사람의 완전함을 고찰하는 것은 모두 하늘과 땅의 아름다움을 완전히 하는 것에 미치지 못한다." '판단(判)'하거나 '분석(析)'하거나 '고찰(察)'하는 것은 모두 가르고 쪼개는 것과 관계되는 뜻을 지닙니다. 세상의 여러 가지 사물에 해석을 더하고 논리로 체계를 구성하는 것이지요. 이는 지식의 기본적인 특징이며 「천하」 편에서 이르는 '판단', '분석', '고찰'은 바로 이러한 특징을 지니고 있습니다.

이것은 지식 관념에 대한 단순한 반대에 불과할까요? 그렇게 말할 수는 없을 것 같습니다. 『장자』는 지식의 유한성을 알아야 한다고 경고합니다. 한 모퉁이에 빛을 비추는 것은 동시에 다른 부분이나 존재에 대해 눈이 머는 것과 같다는 점, 특히 자신의 관점만을 고집하며 주장할 때는 더더욱 그런 위험에 빠진다는 사실을 지적하고 있지요. 지식에 비하면, 교양은 더욱 강력한 문화적 특징을 보입니다. 어떤 문화든 모든 것이 옳다고 받아들이기는 어렵지요. 「소요유」는 남쪽의 월나라 땅에 가서 머리에 쓰는 관을 파는 송나라 사람의 이야기가 나옵니다. 그러나 월나라 사람들은 모두 머리칼을 짧게 자르고 맨 몸에 문신을 새긴 채 옷을 걸치지 않고 살아가지요. 예복은 그들에게 전혀 아무런 소용이 없는 물건이었을 겁니다. 송나라 사람은 상 왕조의 후예로 알려져 있습니다. '장보(章甫)'라는 것은 상나라 사람들이 전통적으로 사용하던 관모였습니다. 송나라 사람의 입장에서 보자면 다시 설명할 것도 없는 문화 표상이라고 할 수 있습니다. 그러나 그것을 월나라 땅에 가서 팔려고 했다는 것은 오히려 자신의 문화 의식에 사로잡인 우매한 행동이었다고 말하지 않을 수 없습니다.

장자와 수다를

54

고갱이니 쭉정이니 하는 것은 형태가 있는 것에 따른 구분입니다. 형태가 없는 것은 헤아려도 그렇게 나눌 수가 없지요. 아름으로 두를 수 없는 것은 헤아려도 헤아릴 수가 없습니다. 말로 할 수 있는 것은 사물의 쭉정이이고, 뜻으로 전할 수 있는 것이 사물의 고갱이입니다. 말로 전달할 수 없고 뜻으로 살펴지지 않는 것은, 형태에 따르지 않는 까닭입니다.

—「추수」

장자는 언제나 언어에 대해 회의적인 태도를 보였습니다. '말로는 뜻을 다하지 못한다'라는 관점을 견지했지요.

이와 같은 이해는 일반적으로 옳다고 할 수 있습니다. 그러나 그런 판단을 절대화하는 것은 문제의 소지가 있지요. 예를 들어, 이렇게 물어볼 수도 있습니다. 모든 언어가 주관적인 의미를 진실로 전달하지 못하는 것이라면, 장자는 어째서 사람들과 계속 교류하며 이야기를 주고받았던 걸까요? 그렇게 말을 해 보았자, 결국 허튼 일일 텐데요.

사실, 장자는 이런 문제들에 대해 좀 더 세밀하게 고민했던 것 같습니다. 그는 세상 만물에 대한 분석에 대해 두 가지 유형이 가능하다고 보았습니다. 하나는 '유형'의 대상에 대한 것이고, 다른 하나는 '무형'의 대상에 대한 것이었지요. 무형의 대상에 대한 것은 정밀하고 세심하게 분석한다고 해서 답을 구할 수 있는 것이 아닙니다. 어떤 것은 너무 작아서 더 이상 나눌 수 없고, 어떤 것은 너무 커서 아무래도 범주화할 수가 없지요. 간단히 말해서, 이 무형의 존재들은 언어로 묘사하거나 파악할 방법이 없습니다. 유형의 대상에 대해서, 장자는 고갱이와 쭉정이의 두 가지 부분으로 나누어 이야기합니다. 고갱이란, 언어로 정확하게 전달하기 매우 어렵고 다만 '뜻으로 전달할 수 있는 것(義致)', 즉 사유를 통해서만 파악할 수 있는 것입니다. '고갱이'와 '쭉정이'를 나누는 것은 '무형'의 존재에 대해서는 아무런 의미도 없지요. '무형'이라는 것은 그러한 구분을 초월하는 것이니까요.

그렇다면, 이른바 '무형'과 '유형'은 무엇을 가리키는 걸까요? 「칙양」 편에 있는 말로 이를 풀어 볼 수 있을 것입니다. "말이 다하는 바, 앎이 이르는 바는 결국 사물 그 자체일 따름이다." 뜻은 언어와 지성이 다다를 수 있는 가장 먼 곳이라야 결국 '사물'일 뿐이라는 것입니다. 장자의 관념 세계에서 '도(道)'와 '물(物)'은 대비되어 말해지고 있습니다. 「추수」에서는 이 두 가지를 들어 "도에는 끝과 시작이 없고, 물에는 죽음과 삶이 있다"라고 대비시켜 말한 바 있습니다. '물'은 이 세상에서 일어나는 현상을 가리킵니다. 생겨남이 있으면 사라짐도 존재하지요. '도'는 영구적인 항상성을 지닙니다. 생겨나고 사라지는 생멸의 구분을 초월하지요. 그래서 우리는 언어의 물질세계의 현상과 그 이치에 대해 일정한 영향력을 지니고 있다는 장자의 기본 관념을 이해할 수 있게 됩니다. 그것은 파악할 수도 있고 전달할 수도 있는 것이지요. 그러나 '도'에 대해서는 그렇게 할 수 있는 힘이 없습니다.

이렇게 우리가 우연히 장자를 만나게 된다면, 적어도 우리는 구체적인 현실 세계의 문제에 대해 이야기할 수 있을 것입니다. 예를 들어, 오늘 날씨는 좋아, 하하하… 하는 따위로 수다를 떨 수가 있을 테지요. '도'에 대해서 우리는 그리 할 말이 많지 않을 것입니다. 기껏해야 '도는 똥밭에 있다(道在屎溺)' 따위의 말을 하지 않으려면 말이지요(「지북유」).

우리는 지금
도 위에 서 있다

55

도의 관점에서 보면 만물에는 귀천이 없지만, 사물의 관점에서 보면 자신에 가까운 것은 귀히 여기고 남에 가까운 것은 천히 여긴다.

—「추수」

장자 사상의 세계에서 '도'와 '물' 사이에는 깊은 고랑이 패여 있습니다. 그것은 서로 다른 세계에 속하는 것이지요.

'도'는 전체적인 것이고 각각의 '물' 위에 초월적으로 존재합니다. 그래서 귀하고 천한 것 따위의 구별에 집착하지 않지요. 그래서 '만물에는 귀천이 없다'라고 여깁니다. '물'은 개별적인 것이고 자기 인식이 있는 존재죠. 그래서 갖가지 구별과

차별적인 범주가 생겨납니다. 귀천, 대소 등의 차이를 스스로를 확립하는 중요한 표지로 삼습니다. 그렇게 해서 자신을 드러내려고 하지요. 일반적인 상황에서 보자면, 스스로에게 더 높은 가치와 지위를 부여하고 긍정하면서, 동시에 타자에 대해서는 더 낮게 평가하고 배척하며 헐뜯기도 합니다. 그래서 "자신에 가까운 것은 귀히 여기고 남에 가까운 것은 천히 여긴다"라고 한 것입니다.

이러한 상황은 역사와 현실 속에서 얼마든지 사례를 찾아볼 수 있습니다. 예를 들어, 제자백가 시대에는 "도가 서로 같지 않으면, 서로 함께 도모하지 않는다"(『논어』「위령공」)와 같은 말이 있었습니다. 사마천 『사기』「노장신한전」에서도 공자의 이 말을 인용하면서 유가와 도가 사이의 논쟁을 서술한 바 있습니다. "세상에서 노자를 배운 사람은 모두 유가가 부족하다고 하고, 유가를 배운 사람도 또한 노자가 부족하다고 한다. '도가 서로 같지 않으면, 서로 함께 도모하지 않는다'라고 하는데, 어찌 이렇게 말하는가?" 이로써 끊임없는 논쟁에 휘말리는 상황과 태도를 알아볼 수 있습니다. 오늘날 사람들이 즐겨 말하는 이치라는 것은 모두 중국 문화 전통 속의 유가와 도가가 서로 어우러진 것입니다. 한때는 서로 대치하던 논의들이 모두 중국 문화의 정신 전통으로 어울려 거듭났다고 할 수 있지요.

그러고 보니, 우리는 지금 이미 '도'의 입장에 서 있다고도 할 수 있겠습니다.

큰 것을 쓰는 데 어설프다

56

기둥으로 쓸 만한 재목은 성문을 부수는 데는 쓸 수 있어도 구멍을 막는 데는 쓸 수 없는데, 이는 도구의 쓰임이 각기 다르다고 말할 수 있다. 기기나 화유와 같은 준마는 하루에 천 리를 달릴 수 있지만 쥐를 잡는 데는 살쾡이만 못한데, 이는 재주가 각기 다르다고 말할 수 있다. 올빼미나 부엉이는 밤에는 벼룩까지 잡으면서 솜털이라도 살필 수 있지만 낮에 나오면 아무리 눈을 부릅떠도 언덕이나 산마저 보지 못하는데, 이는 본성이 각기 다르다고 말할 수 있다.

—「추수」

세상 만물은 천차만별입니다. 장자는 '도'의 입장에서 각각의 사물은 나름대로 존재의 의미가 있으며 기본적으로 동등하다고 여겼지만, 실제의 현실 상황을 도외시하지는 않았습니다. 그는 사물들 사이의 차이에 대해 분명하게 인정하고 있었지요.

사물의 차이는 눈으로 볼 수 있는 것이며 손으로 만져지는 것입니다. 더 중요한 사실은 우리가 마음속으로 각각의 사물들이 마찬가지로 가치를 지니고 있다는 사실을 인정하는 것이지요.

동등함의 의미는 그것들이 세계의 일부라는 사실을 인정하고 앞과 뒤의 다름으로 차별하지 않는 데 있습니다. 다시 말해, 한 가지 입장에서 다른 입장에 있는 것을 이리저리 재단하지 않는 것입니다.

「추수」에 이런 말이 있습니다. "동쪽과 서쪽은 서로 반대되는 것이니 하나라도 없으면 안 된다." 동쪽과 서쪽은 자연스럽게 대비되고 구분되는 것입니다. 해는 동쪽에서 떠오르고 서쪽으로 떨어지는 것이니 거꾸로 될 수 없습니다. 그러나 수레의 앞이 남쪽을 향하면서 북쪽으로 간다고 말하더라도 이 두 가지는 서로 상반되는 한편 상보적인 것이지요. 동쪽이 없다면 서쪽도 없겠지요.

동등한 가치로 그것을 대한다고 한다면 어떤 사물이든 그 사물의 성질에 따라 효능을 다해야만 비로소 합리적이라 할 것입니다. 기둥으로 쓸 만한 재목 같은 것이 그런 것입니다. 어떤 사물이든 제각각 장점이 있고 또 단점도 있는 법입니다. 그것을 어떻게 이용하느냐가 핵심이지요. 「소요유」에 보이는 혜자와 장자의 대화를 떠올려 봅시다. 혜자는 자신이 심은 호리박이 너무 커서 물을 담을 수가 없다는 말을 합니다. 장자의 비평은 다음과 같습니다. "자네는 참으로 큰 것을 쓰는 데 어설프구먼!" 장자는 커다란 호리박을 몸에 묶고 그 부력을 빌려서 강이나 호수 위를 떠다니도록 해 보라고 건의합니다. 원래 가지고 있던 자기 의도를 고집한다면, 호리박은 분명 쓸모없는 물건일 겁니다. 그러나 그 사물의 본성에 따라 쓴다면 제아무리 큰 물건이라도 나름의 쓸모가 있는 법이지요.

세상 만물의 특성은 모두 다릅니다. 동등한 가치를 두고 살피며 그 성질에 따른다면 각각의 효능을 다할 수 있습니다. 이것이 갖가지 사물과 사건을 대하는 장자의 기본 입장이었습니다.

도를 아는 것과 잘 활용하는 것

57

도를 아는 사람은 모름지기 이치에 통하기 마련이고, 이치에 통한 사람은 모름지기 상황에 따라 임기응변을 잘할 줄 아는 법이다. 임기응변을 잘할 줄 아는 사람은 사물이 자신을 상하도록 두지 않는다.

—「추수」

지금 우리는 종종 '도(道)'와 '이치(理)'를 함께 일컬어 '도리'라고 부르곤 합니다. 사실 옛날에 이 두 가지는 아무래도 약간의 차이가 있는 것으로 여겨졌습니다. '도'는 아마도 좀 더 높은 수준의 것으로, '이치'는 그보다는 다소 낮은 수준의 것으로 파악됩니다. 예를 들어, '하늘의 도(天道)'에 대응해 '사물의 이치(物理)'가 존재하지요. 하지만 '하늘의 이치(天理)'에 '사물의 도(物道)'가 대응되는 법은 없습니다. 이러한 차이를 안다면, 첫 번째 구절은 아주 쉽게 이해됩니다. 큰 도리를 이해한다면, 구체적인 사물의 이치는 당연히 알 수 있겠지요. 높은 곳에서 낮은 곳으로 물이 흐르는 것처럼 더할 나위 없이 당연한 논리라고 하겠습니다.

이어지는 구절은 다음과 같습니다. 사물의 이치를 아는 사람은 틀림없이 각각의 조건에 따라 서로 다른 변통의 방법을 취사선택하겠지요. 특히, 주목할 만한 것은 '임기응변(權變)'을 잘한다는 말입니다. 이것은 아무런 원칙도 없이 되는 대로 행한다는 의미가 아닙니다. '도'와 '이치'를 전제로 해서 시절과 세태에 맞게 변통한다는 의미지요. 이것은 원칙성을 가지고 있으면서도 민활한 대응력을 지니고 있을 때 보여 줄 수 있는 최상의 경지라 할 것입니다. 공자도 이러한 사상을 피력한 적이 있습니다. 이렇게 말씀하셨습니다. "마찬가지로 배움을 향하더라도 마찬가지 방법으로 도를 구할 필요는 없다. 마찬가지로 도를 구하더라도 한 가지 예법만을 따라 행할 필요는 없다. 마찬가지로 예법을 따라 행하더라도 한 가지 방법만으로 임기응변할 필요는 없다."(『논어』「자한」) 이로써 보건대, '임기응변'이라는 것은 아주 높은 경지가 아닐 수 없습니다. 그것은 매우 장악하기 어려울 뿐 아니라 아주 더디게 파악할 수밖에 없는 일종의 실천이지요.

마지막 구절에서 장자는 어떻게 임기응변해야 하는지 안다면, 자연히 수많은 어려움 속에서도 자신을 구할 수 있을뿐더러 그러한 위험 속에서 자신을 지켜 나갈 수도 있다고 말합니다. 불가항력적인 압박에서 부질없이 자신을 희생할 필요가 없는 거지요. 공자의 사례를 든다면 어떨까요? 그것은 원래부터 무척이나 총명했지만 난세에 처해 오히려 어리석은 체 살아갔던 영무자와 같은 처세가 아닐까요?(『논어』「공야장」)

하늘과 땅 사이에
자연인 하나

58

사람으로 하늘을 멸하지 말고, 사람의 이유로 하늘의 명을 멸하지 말고, 이미 얻은 바를 희생해 이름을 얻지 말라.

—「추수」

"사람으로 하늘을 멸하지 말고, 사람의 이유로 하늘의 명을 멸하지 말고, 이미 얻은 바를 희생해 이름을 얻지 말라"라는 세 가지는 사람들에게 제안하는 행위의 원칙입니다.

세 가지 가운데 "사람으로 하늘을 멸하지 말라"라는 말은 가장 중요한 개괄이라고 하겠습니다.『순자』「해폐」편에서는 제자백가의 사상을 매우 예리하게 비판하고 있습니다. 장자에 대해서는 다음과 같이 말했지요. "'하늘'에 지나치게 치우치는 바람에 '사람'을 알지 못했다." 순자의 비판이 정확한지 여부에 대해서는 따로 논하지 않더라도, 그가 『장자』 사상의 핵심이 '하늘'을 강조하는 것이라는 점에 대해 분명히 인식하고 있었음은 잘 알 수 있습니다. '사람'은 '하늘'에 대립되지요. 그리고 '하늘'을 벼리로 삼고 따르는 것은 『장자』의 핵심 관념이라 할 것입니다. 비슷한 내용을 전달하고 있는 글들은 내편의 「대종사」에서도 찾아볼 수 있습니다. "사람의 마음으로 하늘의 도를 덜어 내지 않고, 사람의 힘으로 하늘을 돕지 않는다. 이런 사람을 일컬어 진인이라 한다"라는 말이 있지요. "덜어 낸다는 것은 버린다는 뜻입니다."(성현영, 『장자소』) "돕는다는 말은 더한다는 뜻입니다."(성현영, 『장자소』) "사람의 힘으로 하늘을 돕지 않는다"라는 말은 인위적인 방식으로 하늘의 자연스러운 법칙을 더하지 않는다는 뜻이겠지요. "사람으로 하늘을 멸하지 말라"와 통하는 말일 겁니다. 만약 좁은 의미로 '멸한다'는 말을 이해하는 게 아니라면, 그것은 넓은 의미에서 훼손하지 않는 것을 가리킬 겁니다.

"사람의 이유로 하늘의 명을 멸하지 말라"라는 말은 위의 구절과 구조적으로 유사합니다. '이유(故)'와 '명(命)'의 관계는 '하늘'과 '사람'의 관계에 대비되지요. '명'은 하늘로부터 부여받은 그대로의 '천성과 생명'을 가리킵니다. '이유'라는 것은 인위적인 기교와 꾸밈이라고 할 수 있지요. 인위적인 '이유'를 제거하고 원래의 '명'을 따르는 것은 잔꾀를 부리거나 정교하게 장식하려는 마음을 버리고 하늘의 명과 하늘의 도를 의지하고 따르는 것입니다. "사람의 이유로 하늘의 명을 멸하지 말라"라는 말이 더 강조하는 것은 사람이 세상을 살아가면서 자신의 본성을 지켜야 한다는 점이겠지요. 어떤 이유에서든 타고난 본성을 왜곡해서는 안 된다는 뜻입니다.

"이미 얻은 바를 희생해 이름을 얻지 말라"라는 구절에서 "이미 얻은 바(得)"는 "덕(德)"으로 해석되기도 합니다. "명"은 일반적으로 명성과 같은 것으로 간주되며, 갖가지 세속적인 것들을 가리킵니다. "이미 얻은 바를 희생해 이름을 얻지 말라"라는 말은 세속의 갖가지 것들을 위해 자신의 "덕", 즉 타고나기를 "이미 얻은 바"를 희생하지 말라는 뜻입니다. 이것은 사회적인 이익이나 가치에 대해 자아의 본성을 보존해야 함을 의미하지요.

위의 세 가지 말은 결국 하늘의 도에 부합하는 자연인으로 살아가라는 뜻일 겁니다.

난세에서 구차히 생명을 보존하려면

59

장자가 복수 강가에서 낚시를 했다. 초나라 왕은 대부 두 사람을 먼저 보내서 이렇게 말했다. "바라건대 초나라로 와서 힘써 주시오!" 장자는 낚싯대를 들고 돌아보지도 않은 채 말했다. "내가 듣기로 초나라에는 신성한 거북이 있는데, 죽은 지 이미 삼천 년이 되었다고 하더이다. 초나라 임금께서는 천으로 고이 싸서 그것을 사당 위에 모셨다고 하고요. 그 거북이가 죽어서 뼈를 남겨 귀해지고 싶었겠습니까, 아니면 살아서 진흙탕 속으로 꼬리를 끌고 다니고 싶었겠습니까?" 두 대부가 말했다. "그거야 살아서 진흙탕 속으로 꼬리를 끌고 다니고 싶었겠지요." 장자가 말했다. "가십시오! 저는 진흙탕 속으로 꼬리를 끌고 다니렵니다."

—「추수」

이 이야기는 장자의 일생과 그 행적에 대해 알려주는 가장 유명한 일화일 것입니다. 사마천도 『사기』에 장자의 전기를 쓰면서 이와 비슷한 줄거리를 적었습니다.

장자는 도대체 왜 벼슬자리를 마다했을까요?

장자는 만인의 존경과 숭배를 받는 죽은 거북이와 살아서 진흙탕 속으로 꼬리를 끌고 다니는 산 거북이를 예로 들어 대비시키며 초나라의 두 대부에게 선택을 하도록 합니다. 그런 방식으로 그가 지니고 있는 생명 본위의 근본적인 사유를 드러낸 것이지요. 진흙탕 속으로 꼬리를 끌고 다닌다는 묘사는 얼핏 보기에는 비하하는 것 같기도 합니다만, 사실 그것이야말로 거북이의 자연적인 생태라고 할 수 있습니다. 사당에 모셔진 '신성한 거북'이 비록 존경과 숭배를 받을지라도 절대 거북이가 타고난 자연적인 생명의 결과라고 할 수 없지요. 그것은 인간의 의지가 부여한 것이며 생명의 전제를 상실한 이후에야 얻어진 것입니다. 생명의 본질을 유지할 수 없으며, 자신의 생명을 보전할 수 없다는 두 가지 점만으로도 장자가 지니고 있는 기본적인 신념에는 어긋납니다. 이것이 바로 장자가 벼슬자리를 마다한 이유입니다.

또 다른 차원에서 보자면, 그것은 현실의 경험과 연관됩니다. 장자는 자신이 살고 있는 시대를 난세로 간주했습니다.

"지금 세상에서는 오직 형벌을 면하는 데 그칠 뿐이다."(「인간세」) 그는 벼슬자리에 나아가 지위와 권세를 위해 부침을 겪다가 생명을 해치는 사례가 너무 많다고 여겼지요. 「열어구」 편에 등장하는 다음과 같은 이야기로 확인할 수 있습니다. 어떤 사람이 송나라의 군주에게 열 대의 수레를 상으로 받았습니다. 장자는 그에게 다음과 같은 이야기를 해 주었지요. "아들이 깊은 연못에서 천금의 가치를 지닌 보배 구슬을 얻었습니다. 아버지는 아들에게 그 구슬을 얼른 깨뜨려 버리라고 권유했지요. 왜냐하면 그것은 틀림없이 보배 구슬을 지키던 흑룡이 잠깐 조는 사이에 얻은 것일 테니까요. 일단 용이 잠에서 깨면 그 얼마나 재수 없는 일이 되겠습니까! 지금은 송왕이 졸고 있는 참이지만, 만약 그가 깨어난다면, 아들은 뼛가루도 남지 않을 정도로 산산조각 날지 모르는 일인 겁니다!"

동한 말기의 제갈량은 "난세에서 구차히 생명을 보존하기 위함이었지, 제후로 칭송을 듣기 위함이 아니었습니다"(「출사표」)라는 표현을 쓰기도 했는데, 이 또한 장자의 심정을 대변한 것이라 하겠습니다.

눈으로 기러기를 배웅하다

60

혜자가 양나라의 재상을 지낼 때, 장자가 그를 만나러 갔다. 어떤 사람이 혜자에게 말했다. "장자가 오는 것은, 당신 대신 재상 노릇을 하려는 겁니다." 그래서 혜자는 두려워하며 사흘 밤낮을 찾았다. 장자가 그를 만나러 가서 말했다. "남쪽 지방에 새가 한 마리 있는데, 이름을 원추라고 한다네. 자네는 그 새를 아는가? 원추라는 새는 남쪽 바다에서 날아올라 북쪽 바다까지 가는데 오동나무가 아니면 깃들지 않고, 대나무 열매가 아니면 먹지 않으며, 단맛이 나는 샘물이 아니면 마시지 않는다네. 그런데 썩은 쥐를 얻은 올빼미는 원추가 지나가는 것을 보고 위를 우러러 바라보며 놀라서 이렇게 비명을 지르지. '꺅!' 오늘 그대는 내가 그대의 양나라를 바라는가 싶어 내게 놀라는 것인가?"

—「추수」

소식은 황주로 유배되었을 때 「산가지로 점을 치다〔卜算子〕」라는 글을 지었습니다. 그 글의 말미에 이런 구절이 있지요. "차가운 가지에 깃들지 않으려 애썼건만, 쓸쓸하게도 시린 모래톱에 내려앉고 말았네." 그는 세속의 저속한 인심 가운데 몸담았지만, 그 어지러운 풍속에 휘말리지 않으려고 애썼습니다. 저 멀리 허공을 나는 원추라면 더 말할 것도 없을 것입니다.

세속적인 지위와 권세 따위는 모든 사람이 즐겨 얻고자 애쓰는 바입니다. 그것은 충분히 이해할 수 있는 일이지요. 가지고 나면, 온 마음과 힘을 다해 그것을 지키려고 노력하게 됩니다. 그 또한 이해할 수 있는 일이죠. 그러나 우리는 그것이 궁극의 경지는 아니라는 점을 인식해야만 합니다. 올빼미와 같이 못난 꼴을 보고 있노라면, 그다음에는 자연스럽게 이런 의문들이 떠오르게 됩니다. 우리 삶은 도대체 무엇을 위한 것일까? 외부 세계의 어떤 것을 얻고 잃는 데에 따라 때마다 안달복달해야 하는 것인가? 어쩌면 계속해서 이런 뜻을 마음에 품고 있을 때, 우리는 높이 날아서 멀리 노닐 수 있는 가능성과 즐거움을 잃어버리게 되는 것인지 모르겠습니다.

사람의 일생은 때때로 눈앞의 이익에만 매달려서는 안 되는 것이죠. 손에 잡히는 이익을 버리고 하늘을 우러르며 날아가는 원추를 보아야 합니다. 눈으로 기러기를 배웅하듯이, 그 새가 머나먼 하늘 끝으로 날아가는 것을 바라보고, 그곳에 어떤 풍경이 펼쳐져 있는지 상상해 볼 필요가 있습니다.

칠보 누대는 산산이 부서져도 사금파리가 되지 않는다

61

장자와 혜자가 호수 강가의 다리 위를 거닐었습니다. 장자가 말했지요. "피라미들이 자유롭게 헤엄치고 있군. 이야말로 물고기의 즐거움이겠지." 혜자가 말했다. "그대는 물고기가 아닌데, 어떻게 물고기의 즐거움을 아는가?" 장자가 말했다. "그대는 내가 아닌데, 어찌 내가 물고기의 즐거움을 모르는지 아는가?" 혜자가 말했다. "나는 그대가 아니니, 실로 그대를 알지 못하지. 그대는 실로 물고기가 아니니, 그대 또한 물고기의 즐거움을 알지 못할 것이야. 그러면 된 건가!" 장자가 말했다. "근본으로 돌아가 봄세. 그대는 '그대가 어떻게 물고기의 즐거움을 아는가'라고 말했지. 그건 자네도 이미 내가 그것을 안다는 것을 알고 내게 물은 것이 아닌가. 나는 호수 강가의 다리 위에서 그것을 안다네."

—「추수」

장자와 혜자가 호수 강가의 다리 위에서 논쟁하는 장면은 꽤 오랫동안 사람들에게 깊은 인상을 남겼지요. 혜자의 이름은 혜시로서 장자의 가장 중요한 논쟁 상대였습니다. 그는 매우 분명한 이성적 분석 태도를 유지했고 현실적인 층위에서 장자는 절대로 물고기의 즐거움이 어떠한지 알지 못한다고 확신합니다. 그렇죠. 새의 언어에 통달한 사람이 있다는 말이 전해지기는 하지만, 예를 들어 공자의 사위였던 공야장이 그랬다고 합니다만, 현실에서 그런 사람들을 실제로 찾아보기는 거의 힘듭니다. 게다가 장자는 물고기가 즐거운 것임에 틀림없다고 단정합니다. 만약 혜자의 지적에 대한 장자의 대답을 엄밀하게 분석한다면, 그의 대답은 논리적인 측면에서 분명히 문제가 있다고 할 것입니다.

혜자의 의견은 이러합니다. 당신은 물고기가 아닌데 '어떻게' 물고기의 즐거움을 '알 수 있는가?' 그 말은 알 수 없다는 부정의 뜻을 가지고 있습니다. 그러나 장자는 슬그머니 그 '어떻게 아는가'라는 말을 알게 된 수단을 묻는 언어로 바꿔 놓지요. 그래서 이렇게 대답합니다. "나는 호수 강가의 다리 위에서 그것을 안다네." 장자의 답변은 논리적으로 정합적이라고 할 수는 없습니다. 그보다는 일종의 재치이자 언어적 기술이라고 할 수 있지요.

그러면 장자가 옳은 것일까요?

세상에는 현실적인 측면만 있는 것이 아닙니다. 세상에는 논리만 존재하는 것이 아니지요. 장자는 하늘과 땅, 즉 자연에 이르며 만물과 소통하는 데 걸림돌이 없는 심리와 영혼의 태도를 보여줍니다. 물고기는 물속을 헤엄치고 있고 그는 다리 위를 거닐고 있습니다. 이것은 마찬가지로 자유자재의 상황을 가리키는 것이지요. 물고기와 나는 서로 상통하는 바가 있습니다. 물고기의 즐거움은 사실 나 자신의 즐거움이 반영된 것이지요. 내가 즐겁기에 물고기 또한 즐겁다고 여기는 것입니다. 두보는 두 구절의 시로 이런 심정을 대변했지요. "시절이 느꺼우니 꽃도 눈물을 흩뿌리고, 헤어짐을 슬퍼하니 새 또한 마음을 놀래는구나."(「춘망」) 아마도 이를 근거로 내세운다면 장자의 말과는 하나는 슬프고 하나는 즐겁다는 차이만 있을 따름일 겁니다.

장자가 자신의 관점을 견지하면서 반대한 것은 혜자의 그와 같은 미시 분석이라고 할 수 있습니다. 이 세계에는 때때로 분석만으로는 이해할 수 없는 사건이나 사물들이 존재합니다. "칠보로 만든 누대 사람의 눈을 어지럽게 하니 산산이 부서져도 사금파리는 되지 않는다네."(장염, 「사원」) 사람의 감정은 종종 분석할 필요가 없는 것이고, 분석을 하고 나면 그 감정은 이미 존재하지 않는 것이 됩니다. 예를 들어, 연인들 사이에서 분석이 시작되고 뭔가를 따지는 일이 계속되는 것은 이별이 머지않았다는 뜻일 테지요.

이치를 감정으로 바꾸어

62

장자의 아내가 죽어서 혜자가 조문을 갔는데 장자가 두 다리 사이에 대야를 놓고 두드리며 노래를 부르고 있었다. 혜자가 말했다. "그 사람과 살면서 자식을 키우고, 함께 늙었고, 이제 죽었는데, 곡을 하며 울지는 않는다 치더라도, 또 대야를 두드리며 노래를 부르다니, 너무 심하지 않은가!" 장자가 말했다. "그렇지 않네. 아내가 막 죽었을 때는 나라고 해서 어찌 그런 마음을 억누르지 않았겠나! 하지만 그 근원을 살피니 원래는 생명이라는 것이 없었지. 생명이라는 게 없을 뿐 아니라 아무 형태도 없었지. 아무 형태도 없었을 뿐 아니라 그 형태를 이룰 기조차 존재하지 않았네. 모든 것이 혼돈하게 섞여 있다가 그것이 변하여 기가 만들어지고, 기가 변하여 형태들이 만들어지고, 형태가 변하여 생명이 생겨난 것이네. 지금 또 변하여 죽었을 뿐인데, 이는 봄, 여름, 가을, 겨울의 순환과 마찬가지인 셈이야. 그 사람이 또한 자연이라는 큰 집으로 돌아가 편히 쉬려 하는데, 내가 징징대면서 목을 놓아 운다면, 아무래도 천명을 이해하지 못하는 자가 되지 않겠나. 그래서 그쳤다네."

—「지락」

이런 말이 있습니다. 삶은 다만 한숨에 불과하다.

이 말은 너무 직설적이라고 할 수 있을 겁니다. 하지만 그것이 드러내는 정보는 아주 중요하지요. 생명과 '기'의 관계는 고대 중국의 철학에서 매우 중요한 명제였습니다. 『장자』「지북유」에는 다음과 같은 글이 있지요. "사람의 생명은 기가 모인 것이다. 모이면 살게 되고 흩어지면 죽는다." 아주 명확한 의견이지요. 이처럼 기가 모이고 흩어짐에 따라 생명이 오고 간다는 사유는 불교에서 인연이 모임에 따라 만물이 생겨난다는 관점과 무척 닮아 있습니다. 아내가 죽자, 장자는 대야를 두드리며 노래를 부릅니다. 그 근거는 바로 기의 모임과 흩어짐으로 사람의 삶과 죽음을 파악하는 데 있었지요.

장자는 아내라는 한 사람의 삶의 이력과 경력을 떠올리고 그 근원을 따지면서 생명이라는 것이 원래 존재하지 않은 것이었으며 아무 형태도 없었다는 사실을 깨닫게 됩니다. 나중에야 혼돈 속에서 문득 기라는 것이 점점 모여 형태를 갖추고 생명을 얻은 것이지요. 그리고 지금은 또다시 원래의 상태로 돌아가게 된 것이라 하겠습니다. 이렇게 본다면, 인간의 삶이라는 것도 봄, 여름, 가을, 겨울이 뒤바뀌는 계절의 순환과 마찬가지인 셈이지요. 그것이 인간이라는 존재의 '명'인 셈입니다. 장자는 다른 곳에서도 삶과 죽음의 순환이 인간의 근원적인 숙명이라는 점을 밝힌 바 있습니다. "죽음과 삶이야말로 명이다. 밤과 아침이 엄연하게 늘 유지되는 것이 하늘과 땅, 즉 자연이다."(「대종사」)

이 점에 생각이 미친 뒤, 장자는 처음의 슬픈 감정을 떨쳐내고 더 이상 목을 놓아 슬피 울지 않게 된 것입니다.

이러한 결론은 장자의 기본 관념에 부합합니다. 장자는 세상 만물을 전체의 부분일 뿐이라고 여겼습니다. 삶과 죽음은 보통 사람들의 눈에는 전혀 다른 두 가지 상태겠지만, 전체의 관점에서 본다면 그 또한 서로 연이어 있는 것입니다. 「대종사」 편에는 자사, 자여, 자리, 자래라는 네 친구의 이야기가 나옵니다. 그들이 친구가 된 가장 근본적인 이유는 삶과 죽음에 대한 관념이 일치했기 때문입니다. 아무것도 없는 것이 형태의 머리 부분이라고 한다면, 생명의 존재는 그 중간 부분인 등

뼈에 해당할 것이고, 죽음이라는 것은 그 형태의 꼬리 부분에 해당할 것입니다. 삶과 죽음, 존재와 멸망을 하나의 연속체로 생각할 수 있다면, 우리는 아마 누구와도 친구가 될 수 있을 것입니다.

삶과 죽음이 결국 기의 모임과 흩어짐이라는 사실을 믿게 되면서, 나아가 삶과 죽음을 하나의 연속체라는 관념에서 파악하게 되면서, 장자는 결국 슬픔의 감정에서 벗어날 수 있었습니다. 이러한 과정은 장자 개인의 경력에서만 의미 있는 깨달음이 아니라 중국 문화사 전체를 통틀어 매우 특별한 의미를 지닙니다. 장자는 이렇게 선언하지요. 비록 우리가 완전히 벗어나지는 못하더라도, 또는 삶과 죽음이 주는 상실의 감정에서 완전히 벗어날 필요는 없다 하더라도, 그래도 우리는 그것을 이해할 수 있고, 또 그러한 이치를 감정으로 바꾸어 이 아픈 마음을 벗어날 수 있는 것입니다.

어떤 사람은 살아 있지만, 이미 죽은 몸이다

63

형체를 기르기 위해서는 먼저 사물이 필요하지만, 사물이 있어 충분한데도 형체를 기르지 못하는 사람이 있다. 생명이라는 것은 우선 형체를 떠나서는 존재할 수 없는 것이지만, 형체를 떠나지 않았는데도 생명을 죽이는 사람도 있다.

—「달생」

생명은 우선 일종의 물질적 존재입니다. 생명을 유지하기 위해서는 물론 음식물, 주택, 의복과 같은 물품들, 즉 기본적인 물리 조건이 필요하지요. "형체를 기르기 위해 먼저 사물이 필요하다"라는 것은 그런 의미입니다. 그러나 제아무리 매일같이 산해진미를 즐기며, 가벼운 갖옷을 입고 살진 말을 타며,

붉은 대문이 있는 호화로운 저택에 산다 해도 그것이 생명의 우량한 상태를 보장할 수는 없습니다. 과유불급이라는 말이 있는 것처럼 비만이라든지 고치기 어려운 숨겨진 질병이 있는 것은 현대인들에게는 자주 있는 일이지요. 이것이 바로 "사물이 있어 충분한데도 형체를 기르지 못하는" 것입니다.

장자가 보기에, 생명은 물론 중요한 것이었습니다. 그러나 생명은 형체의 물질적 존재와 같은 것이 아니지요. 장자는 「각의」 편에서 일찍이 몇 사람을 비판한 바 있습니다. 그 사람들 가운데는 호흡을 조절하며 탁한 기운을 뱉어 내고 맑은 기운을 받아들이느라 곰이나 새와 같은 동물들의 자세를 따라 배우며 갖가지 운동을 하는 사람들이 있습니다. 그들은 언제나 자신의 호흡과 형체에 관심을 두면서 팽조와 마찬가지로 오래 살기를 바랍니다.

장자의 생명에 대한 관념은 여전히 자연을 따르고 있습니다. 하늘로부터 받은 천수를 다하는 것이 옳다고 믿는 것입니다. 중간에 요절하는 것은 물론 좋지 않은 것입니다. 그러나 허망하게 끊임없이 생명을 연장하려는 시도 또한 옳지 않은 것이라 할 수 있습니다. 이러한 의미에서 보면, 오직 신체 자체만 보존하려고 하는 것은 생명의 연속이라고 할 수 없습니다. 예를 들어, 정신이 완전히 망가진 상태로 신체만 온전히 보전해 좀비가 되는 상황을 생각해 볼 수 있겠지요. 그것은 "형체를 떠나지 않았는데도 생명을 죽인다"라고 하는 말의 한 가지 뜻이라 할 것입니다. 좀 더 나아간다면 이 또한 '양생(well-being)'이라고 할 수는 있겠지요. 그러나 기르는 것은 진정한 의미에서 생명의 활력이 아닙니다. 진정한 의미에서의 '양생'은 내재적인 가치를 포함하는 것이죠. 그 활력과 가치를 잃어버리고 난 뒤에는 설사 '형체'가 존재한다고 해도 '생명'은 이미 사라진 것이나 다름없습니다. "어떤 사람은 살아 있지만, 이미 죽은 몸이다"(짱커자, 「어떤 사람」)라는 말처럼 말이죠.

알지 못하는 사람은 두려움이 없다

64

술에 취한 사람은 수레에서 떨어져도 다치기만 할 뿐 죽지 않는다. 뼈마디는 다른 사람들과 같지만, 손상에 있어서는 다른 사람들과 같지 않은 것이다. 그 정신이 완전하기 때문이다. 수레에 오르는 것도 알지 못하고, 수레에서 떨어지는 것도 알지 못하니, 죽음과 삶과 놀람과 두려움이 모두 그 마음에 들어가지 못한다. 그러므로 어떤 사물에 부딪친다 하더라도 그것을 알지 못하는 것이다.

—「달생」

이것은 아주 흥미로운 이야기입니다. 어느 정도 현실적인 경험에서 비롯된 것이라고도 할 수 있지요. 술에 취한 사람들의 몸이 신체적인 상해를 입는 확률은 분명 맨정신인 사람들보다 훨씬 적습니다. 맨정신이 뚜렷한 사람들은 위험에 처했을 때 종종 두려움을 느낍니다. 자기가 자기를 놀랜다고 말하기도 하지요. 그러나 취한 사람은 정신이 완전히 혼돈 상태에 머무르기 때문에 "죽음과 삶과 놀람과 두려움이 모두 그 마음에 들어가지 못"하는 것입니다. 그래서 위급하거나 난처한 상황이라고 의식하지 않기 때문에 위험 속에서도 오히려 평정을 유지하는 것이죠.

여기서 두드러지게 강조되는 것은 바로 마음의 힘입니다. 마음이 위험하다고 하면 위험한 것이고, 마음이 안전하다고 하면 안전한 것입니다.

"알지 못하는 사람은 두려움이 없다"라는 말을 사람들은 종종 부정적으로 이해합니다. 사실 복잡하고 어려운 일이나 위험이 닥치더라도 그에 대한 자각이 없고 이해가 없기 때문에 다른 사람은 감히 하지 못하는 일을 하게 되는 경우도 분명 있지요. 그러다가 실패할 확률도 물론 적지 않습니다만, 성공할 가능성도 마찬가지로 존재하는 겁니다. 감히 하지 못한다고 하면, 영원히 성공의 때는 오지 않겠지요.

장자와 맹자의 공통 언어

65

공자가 초나라로 가는 길에 숲을 빠져나와서 곱사등이가 장대로 매미를 잡는 모습을 보았는데 마치 떨어진 물건을 줍듯이 했다. 중니가 말했다. "기술이 참 대단하십니다. 무슨 방법이라도 있습니까?" 그가 말했다. "내게는 나름의 방법이 있습니다. 대여섯 달 동안 동그란 알을 두 개 겹쳐 놓은 채 떨어뜨리지 않도록 연습하면 실패하는 일이 극히 적어집니다. 세 개를 겹쳐 놓은 채 떨어뜨리지 않도록 연습하면 실패하는 일이 열 번에 한 번 정도로 줄지요. 다섯 개를 겹쳐 놓은 채 떨어뜨리지 않도록 연습하면 마치 떨어진 물건을 줍듯이 하게 되는 것입니다. 제 몸가짐은 마치 나무의 그루터기와 같고, 팔놀림은 마치 마른 나무의 가지와 같습니다. 하늘과 땅 사이가 아무리 크고 세상 만물이 아무리 많아도 매미 날개만을 알 뿐입니다. 저는 몸을 돌리지도 않고 모로 세우지도 않으며 만물로 인해 매미 날개에 대한 마음을 바꾸지 도 않는데, 어찌 그렇게 하지 못하겠습니까!" 공자는 제자들을 돌아보며 말했다. "뜻을 쓰는 데 나뉨이 없으면 정신이 집중되는 법이라 했는데, 저 곱사등이 영감을 두고 한 말이었구나!"

—「달생」

맹자는 장자와 동시대 사람이었습니다. 그러나 그와 장자는 서로 알지 못했던 것처럼 전혀 상대방에 대해 언급하지 않았습니다. 그럼에도 불구하고, 그들 사이에는 여전히 공통의 언어가 존재하는 것처럼 보입니다. 예를 들어, 그들은 모두 한 가지로 마음을 쏟아야 한다고 주장했지요.

맹자는 주로 학습에서 한 가지로 쏟는 마음을 강조했습니다. 『맹자』「고자」 상편에는 이런 기록이 있습니다. "유명한 기수 혁추가 사람들에게 바둑을 가르쳤는데, 한 사람은 한 가지로 마음을 쏟아 혁추가 바둑에 대해 이야기하는 것을 들었고, 또 다른 사람은 듣고 있기는 했지만 마음에 들이지 않고 오직 한 마음으로 기러기와 고니가 날아오면 활을 당겨 쏠 생각만 하고 있었다." 두 사람의 수준에 우열의 차이가 있을 것은 자연스럽게 생각해 볼 수 있는 일입니다.

장자가 여기서 들려주는 것은 매미를 잡는 이야기입니다. 이 곱사등이 노인은 장대로 서너너덧 개의 동그란 알을 겹쳐 잡습니다. 정말이지 놀라운 재주라고 할 수 있겠지요. 게다가 그 장대로 매미를 잡는 겁니다! 이 기막힌 기예는 어떻게 가능하게 된 것일까요? 노인의 경험은 외부 세계가 얼마나 대단하고 멋지든 간에 온 정신을 매미에게만 쏟으면 어떤 것도 매미에 대한 집중력을 흐트러뜨릴 수 없다는 사실을 말해 주고 있습니다.

다시 말해, 세상에서 어떤 성과를 거두고자 한다면, 주의력을 흐트러뜨리지 않고 온 정신을 가장 중요한 한 가지에만 집중해야 한다는 것입니다.

판돈이 커질 때

66

기와 조각으로 판돈을 삼으면 정교하고, 띠고리로 판돈을 삼으면 꺼리는 마음이 생기며, 황금으로 판돈을 삼으면 마음이 아득해진다. 그 정교함은 한 가지로 마음을 쏟는 데서 오는 것인데, 소중하게 여기는 것이 있으면 몸 밖의 것을 중시하게 되므로, 몸 밖의 사물을 중시함이 내면의 정교함을 아둔하게 만드는 것이다.

—「달생」

땅 위에서 금을 그어 놓고 다니거나 공중에 철사를 걸어 놓고 다니는 일은 모두 신체의 평형 능력을 필요로 합니다. 사실 그 차이가 크지 않지요. 하나는 하늘 위에 있고 하나는 땅 위에 있다는 차이, 그래서 그 마음가짐이 달라진다는 차이를 제외하면 말이지요. 땅 위에 그은 금에서 제대로 걷지 못할 때는 그저 탄식 한 번으로 족하지만, 철사 위를 다니다가 잘못 디디면 그대로 떨어져 반죽음 상태가 될 테니, 당연히 심리적인 감각이 다를 수밖에 없지요. 그러나 이처럼 심리적인 감각이 다르기 때문에 아주 쉽게 잘못을 저지르기도 합니다. 경험이 많은 쇠줄 타는 사람은 마음을 한데 집중하고 오로지 자신만을 생각하며 외부 환경의 영향을 최대한 배제하려 합니다. 장자가 도박에 대한 이야기를 하는 이치도 마찬가지지요. 도박에 거는 판돈이 커짐에 따라, 심리적인 압박과 긴장도 당연히 커지고 무거워집니다. 원래는 시원시원했던 행동이 두려워지고 흐리멍덩해지는 것이지요.

사람의 사유 능력 또한 마찬가지입니다. 만약 실제적인 결과에 지나치게 연연하게 된다면 도리어 능력을 충분히 발휘하지 못하는 법이지요. 이것이 보편적인 상황 아니겠습니까? 무릎을 맞대고 이야기할 때는 질리지도 않고 사람의 마음을 움직이는 이야기를 늘어놓았는데, 커다란 강당에 꽉 들어찬 청중들 앞에서는 모기 소리처럼 가는 소리도 내지 못하는 사람들을 우리는 종종 보게 됩니다. 사실 그런 상황은 그 사람이 지나치게 자신의 언어 표현에 신경을 쓸 때 종종 나타나지요.

"몸 밖의 사물을 중시함이 내면의 정교함을 아둔하게 만드는 것"은 오직 몸 밖의 사물에만 집중하는 사람은 내면의 마음이 점점 가라앉게 되고 고갈되어 간다는 뜻을 담고 있습니다. 푸시킨은 『예브게니 오네긴』에서 어떤 러시아 시인의 시구를 빌려 이렇게 말했지요. "너무 바쁘게 살아서 느낄 틈이 없었네." 아마도 그런 순간에 바쁜 걸음을 멈추고 마음속을 돌아보며 마음속 깊은 곳의 소리를 듣는다면 다시금 마음속 영혼의 밝음을 되찾을 수 있을 것입니다.

똑똑한 바보

67

재목이 될 만한 것과 재목이 될 수 없는 것 사이에 거한다.

—「산목」

"재목이 될 만한 것과 재목이 될 수 없는 것 사이"라는 말은 일반적으로 뭔가 어지럽고 혼란스러운 느낌을 줍니다.

그러나 이것은 장자가 직접 경험을 통해 얻은 결론이라고 할 수 있지요.「산목」의 이야기는 다음과 같습니다. 한번은 장자와 제자들이 함께 산골짜기를 지나다가 가지가 많고 잎이 무성한 커다란 나무를 보게 되었습니다. 그 곁에는 벌목하는 사람이 있었지만, 그 나무를 베지 않았습니다. 그래서 그에게 왜 베지 않느냐고 물었더니 대답했습니다. "그다지 쓸모가 없습니다." 산을 나와서 옛 친구의 집에 갔습니다. 옛 친구가 무척 기뻐하면서 집에서 부리는 어린아이에게 거위를 잡아오라고 시켰지요. 장자 일행을 대접하려고 그런 거지요. 어린아이가 물어봅니다. "한 마리는 잘 울고, 다른 한 마리는 울지 못합니다. 어느 쪽을 잡을까요?" 옛 친구가 대답했지요. "울지 못하는 놈을 잡아라."

때로는 쓸모가 없어서 오래 살고, 때로는 쓸모가 없어서 죽임을 당합니다. 이와 같은 두 가지 어려운 처지 앞에서 장자는 결국 이와 같은 결론을 얻어낸 것입니다.

위태로운 세상에서는 어찌하면 똑똑하게 살아남을 것이냐가 큰 문제가 됩니다. 아마도 똑똑함의 표현은 아둔함일 수도 있을 겁니다. 좀 더 정확히 말하자면, 바보인 척을 하는 것이지요. 공자는 일찍이 위나라의 영무자에 대해 말한 적이 있습니다. 나라가 융성하고 군주가 밝을 때에 그는 매우 지혜로운 사람이었습니다. 나라가 혼란하고 무도한 정치가 계속되자 그는 몹시 아둔해졌습니다. 그의 지혜는 배울 수 있을지 모르지만, 그의 아둔함은 도무지 배울 수 없는 것이었지요(『공자』「공야장」).

영무자는 참으로 "재목이 될 만한 것과 재목이 될 수 없는 것 사이에 거"하는 법을 아는 인물이었던 셈입니다.

외로운 돛단배
먼 그림자
푸른 하늘 끝까지

68

우리가 강을 건너고 바다 위를 떠돌며 아무리 내다보아도 절벽 하나 보이지 않는 곳으로 갈 때는 가면 갈수록 그 끝이 어딘지 알지 못할 것이다. 우리를 배웅하는 사람들도 모두 저마다의 기슭에 나와서 작별을 고하고 돌아갈 것이다. 우리는 그제야 참으로 먼 길을 떠나게 된다!

—「산목」

「장자」에는 감정이 매우 풍부한 단락들이 적잖이 보입니다. 훗날 문학사에서 표현의 정석으로 간주될 만한 원형이 되는 글들이지요. 여기서 "강을 건너고 바다 위를 떠돌며"와 같은 단락은 원래 모든 부담과 굴레를 벗어던지고 속세를 벗어나는 초연함을 표현한 것입니다. 그러나 일반 상식의 관점에서 이 장면을 떠올린다면 또한 다른 의미로도 읽힐 수 있습니다.

짧디짧은 몇 마디 말로 떠나는 사람과 보내는 사람의 서로 다른 입장을 모두 써냈습니다. 떠나는 사람의 입장에서 보자면, 앞길이 막막해서 높은 봉우리 하나 눈에 띄지 않는 상황에서는 갈수록 어디로 가야 쉴 수 있을지를 모르게 될 것입니다. 보내는 사람의 입장에서 보자면, 아득하게 떠나는 사람이 점차 멀어지면 결국 언젠가는 이별을 받아들이고 배웅하던 곳에서 등을 돌려 집으로 돌아가는 때를 맞이하게 됩니다. 마지막으로 "우리는 그제야 참으로 먼 길을 떠나게 된다"라는 말은 떠나는 사람의 까마득히 멀어지는 감정으로 양자 모두를 표현해 내고 있습니다.

이백의 시 「송맹호연지광릉」은 당나라 때 송별시의 명작으로 꼽힙니다. "옛 친구와 황학루 서쪽에서 이별하니, 안개 끼고 꽃 흐드러진 삼월의 강을 타고 양주로 가더라. 외로운 돛 먼 그림자 푸른 하늘에서 사라지니, 오로지 하늘 끝에 가닿는 장강만 보이네." 물론 이백이 배웅한 것은 맹호연이었으니 그 먼 여행의 목적 또한 분명하다고 하겠습니다. 하지만 시가 묘사하고 있는 장면은 『장자』에서 표현된 것과 어딘지 닮았다는 생각이 들지요. "외로운 돛 먼 그림자"라는 표현은 "그제야 참으로 먼 길을 떠나게 된다"라는 표현과 마찬가지가 아니겠습니까? 그러나 이백은 줄곧 기슭에 선 채로 떠나는 친구가 탄 배의 멀어지는 돛을 끝까지 바라보고 있었지요. 강과 하늘이 하나로 합쳐지는 지점까지 바라보다가 그래도 쉬 놓이지 않는 석별의 정을 토로합니다. 그러나 『장자』 속의 수도자는 다르지요. 수행한 날들이 길어지고 수련한 도의 깊이가 깊어진 탓인지, 함께 수행하던 이들도 점점 줄어들어서 갈수록 외로워지기 마련입니다. 보내는 사람들마저 뿔뿔이 흩어져 돌아가고 혼자만 남은 상황을 비유했다 하겠습니다.

난세를 가늠하는 표준

69

이익으로 인해 합쳐진 것은 환난을 당해 곤궁해지면 서로 버리게 된다. 하늘에 속한 것은 환난을 당해 곤궁해지면 서로 받아들이게 된다.

—「산목」

장자는 어떤 이치를 말할 때 종종 직접적으로 이야기하지 않고 어떤 이야기를 들려주는 것으로 대신합니다. 다른 차원에서 떨어진 것만 같은 놀라운 그의 천부적인 가공 능력은 따라 배울 수 없지만, 실례를 들어 위의 내용을 부연해 보겠습니다.

"이익으로 인해 합쳐진 것"은 무엇을 가리킬까요?

전국 시기 조나라의 명장 염파는 일찍이 적지 않은 식객들을 거느리고 있었지만, 그가 파면을 당하자 식객들이 하나둘씩 그를 버리고 떠나갔습니다. 나중에 다시 복직이 되자, 그 사람들은 다시 벌떼처럼 모여들었지요. 염파는 이처럼 세태에 따라 이리저리 옮겨 붙는 소인들에게 화를 냈습니다. 그러나 식객들은 이렇게 답했지요. "하늘 아래 모든 것은 결국 시정의 이치에 따라 관계를 맺고 왕래하는 법입니다. 당신에게 권세가 있어서 우리가 당신을 따르는 것이니, 당신에게 권세가 없으면 당연히 떠나겠지요. 원래가 그런 이치거늘, 당신은 어찌 그에 대해 원한을 품으십니까?"(『사기』「염파인상여열전」)

이 이야기는 우리에게 "이익으로 인해 합쳐진 것"이 무엇인지 가르쳐 줄 뿐 아니라, 이익으로 인해 모인 사람은 종종 또한 이익으로 인해 흩어진다는 사실을 분명히 말해 줍니다.

"하늘에 속한 것"은 타고난 천성과 자연의 관계를 가리킵니다. 온갖 고난과 시련이 닥칠 때, 이러한 관계로 맺어진 사람들은 종종 서로를 포용하고 지지해 주는 법이지요. 우리는 가정을 따뜻하고 안전한 항구에 비유하기도 합니다.

그러나 이 또한 예외는 있습니다.

전국 시대에 여섯 나라의 재상 인수를 걸고 부귀의 극치를 누렸던 소진은 젊어서 뜻을 얻지 못했습니다. 그는 밖으로 나가 유세를 다녔지만 뜻을 이루지 못하고 집으로 돌아왔습니다. 머리에는 온통 먼지를 뒤집어쓰고 얼굴은 새까맣게 변해 있었지요. 그러나 아내는 자신이 짜던 베에만 집중할 뿐 그를 돌아보지 않았습니다. 형수는 밥을 해 주지 않았고 부모님도 그를 아는 척하지 않았지요(『전국책』「진책」). 그가 성공해서 명성을 얻은 뒤 고향으로 돌아오자, 부모님은 삼십 리 밖까지 나와 맞이했고, 아내의 태도는 더할 나위 없이 공손해졌습니다. 형수는 더욱이 넙죽 엎드려 그에게 절을 했지요. 소진이 형수에게 물었습니다. "형수님은 예전에 거만하게 구시더니 어찌 이제는 공손하십니까?" 형수가 대답했지요. "서방님은 지금 돈과 권세를 가지셨으니까요." 그 말로 인해 소진은 감개무량해졌습니다. "아아! 돈과 권세가 없을 때는 부모도 아들로 여기지 않았는데, 부귀해지니 친척들도 모두 경외심을 보이는구나. 사람이 세상에 살면서 돈과 권세가 있다는 것은 얼마나 중요한 일인가!"

난세를 가늠하는 기준 가운데 하나는 "하늘에 속하는 것"이지만, 그조차 어느 정도는 "시정의 이치"에 젖어 드는 모양입니다.

까닭 없이 합해지면
까닭 없이 갈라진다

70

군자의 사귐은 물과 같이 담박하며, 소인의 사귐은 단술과 같이 달다.

—「산목」

군자와 소인은 고대 중국에서 줄곧 대립되는 두 부류의 인간으로 간주되었다.

군자끼리는 서로 모든 면에서 잘 맞아 서로 아끼며 바라보기만 해도 알 수 있어서 "서로 마주 보고 웃으며 그 마음을 거스르는 법이 없다"(「대종사」)라고 하지요. 그들 사이의 관계는 공통의 신념 위에 세워진 것이라 서로 마음으로 기꺼워하는 기초를 공유합니다. 본질적인 결합이기 때문에 굳이 밖으로 드러내는 표현을 필요로 하지 않지요. 아마 아주 오랫동안 서로 왕래하지 않더라도 그들은 마음속으로 여전히 상대방을 인정하고 있을 겁니다. 가는 물줄기가 끊임없이 길게 흘러가는 것처럼, 다시 만나더라도 예전처럼 만나지 못했을 때의 소원함을 느낄 수 없는 거지요.

군자끼리의 사귐이 고요하게 깊이 흐르는 물과 서로 닮아 있는 것과는 상대적으로, 소인끼리의 사귐은 보기에 아주 강렬하고 열렬하기 때문에 진한 단술과도 같이 느껴집니다. 생활 속에서 자주 만나기 어려운 진정한 단맛을 느끼게 해 주지요. 그래서 질려 버릴 정도의 단맛을 느낄 수 있습니다. 진정으로 단맛의 아름다움을 느껴 본 적이 있는 사람은 오히려 담담함의 참뜻을 이해할 수 있을 테지요.

군자와 소인 사이의 대비에 의해 진짜 군자를 가려낼 수도 있게 됩니다. 『논어』「위정」에 "군자는 두루 사귀지만 무리를 지어 어울리지 않고, 소인은 무리를 지어 어울리지만 두루 사귀지 않는다"라는 말이 있지요. 군자는 상대적으로 두루 아우르며 바른 사람끼리 어울리는 반면, 소인은 무리를 지어 당파를 이룬다는 점을 지적한 것입니다. 무리를 지어 당파를 이루고 몰리도록 서로 함께하는 거지요. 그러나 그들 사이에서 진정으로 마음이 결합되는 일은 없으며, 도의에 대한 공통의 견해와 실천도 존재하지 않는 까닭에, 마지막에는 결국 갈가리 찢어지곤 하지요.

장자는 위의 두 구절 뒤에 다음과 같은 한마디를 덧붙이고 있습니다. “까닭 없이 합해지면 까닭 없이 갈라진다.” 여기서 ‘까닭(故)’이라는 것은 매우 힘들여 쓰는 것이지요. 나름의 사정이 쌓인 것을 가리킵니다. 소인들끼리는 까닭 없이 합해지기도 하고 까닭 없이 갈라지기도 합니다. 이것이 바로 군자의 사귐과 완전히 다른 점이지요.

그른 것이 익숙해져 바른 것이 된다

71

흐린 물만 보다 보면 맑은 못이 어떤 것인지 잊기 마련이다.

—「산목」

어둠 속을 걷고 있다가 갑자기 밝은 빛 안으로 들어가게 되면 저도 모르게 실눈을 뜨게 됩니다. 빛이 싫어서가 아니라 깊은 어둠 속에 워낙 오래 있어서 정상적인 감각을 잃어버렸기 때문이지요. 결국 더럽게 탁해진 물을 오래 보고 있으면 그 근원에 맑은 못이 있다는 것을 잊어버리는 것과 같은 이치입니다. 이 비유는 사람이 본성을 잃어버리는 일을 암시합니다. 더럽고 탁한 세상에서 오래 지내다 보면 이상한 일을 보아도 이상하게 느껴지지 않고 그른 일을 보아도 그르다고 느끼지 못하게 되는 것이죠. 그럴 때는 아래의 시구를 찬찬히 되새겨 보는 것도 좋겠습니다. 그러면 그것이 얼마나 큰 힘을 지니고 있는 것인지 깨닫게 될 테니까요.

> 어둔 밤은 내게 검은 눈을 주었다.
> 그러나 나는 그 눈으로 빛을 찾는다.

사람의 마음이 산이나 강보다 험하다

72

중원의 군자는 예의에 밝지만 사람의 마음을 헤아리는 데는 재능이 없다.

—「전자방」

이것은 장자가 공자를 비판한 말입니다. 예의는 유가에서 제창한 것이지요. 하지만 장자가 보기에 그것은 인성을 형성하는 필수적인 부분이 아니었습니다. 그저 사회를 구성하는 과정에서 만들어진 외재적인 규율에 불과했지요. 유가의 잘못은 외재적 예의를 근본으로 간주하고 사람의 마음과 사람의 본성이라는 근본을 소홀히 여긴 것입니다.

그렇다면 장자는 사람의 내재적인 심성에 대해 어떻게 이해하고 있었을까요? 전통적인 이해 속에서 인성은 상대적으로 안정적인 부분입니다. 마음은 그보다 좀 더 동적인 일면을 가리키지요. 장자의 인성 관념은 본래의 자연적인 일면에 중점을 두고 있습니다. 그 근본은 다소 담담하지요. 그러나 좀 더 활기 있게 움직이는 사람의 마음에 대한 장자의 관찰은 매우 심도 있을뿐더러 세심합니다. 이러한 분석은 그에게 "사람의 마음을 헤아리는 데는 재능이 없는" 유가를 비판할 자격이 충분하다는 사실을 확인시켜 줍니다.

흥미로운 것은 장자가 일찍이 공자의 입을 빌려서 사람의 마음이 이해하기 어려운 것이라는 점을 밝힌 바 있다는 것입니다. 그것은 산이나 강보다 더 험준하고 굽이진 것이어서 하늘을 이해하는 것보다도 어렵다고 했습니다. 하늘의 뜻도 알기 어려운 것이지요. 하지만 봄, 여름, 가을, 겨울 사계절의 교차와 낮잠의 교대와 같은 현상들을 통해 그 규칙성을 확인할 수 있지요. 그러나 사람의 속내는 깊이 감추어져 있어서 어떤 사람은 충실하고 도타운 것처럼 보이다가도 거침없이 내달리고, 어떤 사람은 조급한 것처럼 보이는데도 통달하며, 어떤 사람은 매우 강직한 것같이 표현하지만 속내는 무르고 약하기도 합니다(「열어구」). 그러나 일단 사람의 마음이 뒤흔들리게 되면 더더욱 어찌할 수 없게 됩니다. 위아래로 펄떡거리기도 하고, 차가워졌다 뜨거워졌다 약해졌다 강해졌다 하고, 깊은 못처럼 평온한가 싶다가도 은하수처럼 굽이쳐서 가장 억누르기 어려운 것이 사람의 마음이라고 하겠지요!(「재유」)

그래서 속마음을 안정시키는 것이 가장 중요한 문제가 됩니다. 장자는 이 점을 가장 먼저 분명하게 의식한 철학자라고 할 수 있겠습니다.

마음이 죽은 것,
그리고
마음이 재처럼 식은 것

73

슬픔 가운데 마음이 죽은 것보다 더한 것이 없으며, 사람이 죽어도 또한 그보다는 못하다.

—「전자방」

이 말은 지금도 사람들이 즐겨 씁니다.

몸의 죽음이라는 것은 물론 사람들이 슬퍼할 만한 것입니다. 그러나 일단 이것은 불가항력적인 자연의 일이지요. 장자는 이런 문제에 대해서 때에 따라 그에 순응해야 하며 평정심을 가지고 받아들일 수 있어야 한다고 말합니다. 더욱이 장자가 비록 사람의 생명을 중요시한다 하더라도 그의 마음속에서 형체를 기르는 일은 언제나 부차적인 것이었습니다. 그러나 '마음'은 사람의 정신을 대변합니다. 마음이 죽었을 때는 형체가 여전히 존재한다 하더라도 마치 좀비처럼 주검이 걸어 다니는 것과 같은 것입니다.

마음이 죽었다는 것은 자아에 대해 긍정하는 마음을 잃었다는 뜻이지요. 자아의 자각적인 인식을 잃고, 생의 의지나 생의 추구를 잃었다는 의미입니다. 그것은 사람이 이 세상에서의 삶을 포기했다는, 아무것도 마음대로 하지 못하게 되었거나 할 수 없다는 사실을 의미합니다.

언급할 필요가 있는 것은 여기서 "마음이 죽은 것"과 장자가 즐겨 말하는 "마음이 재처럼 식은 것"이라는 상태입니다(「제물론」). 이 두 가지는 절대 같은 것이 아니지요. "마음이 재처럼 식은 것"은 지극한 경지에 대한 한 가지 묘사라 하겠습니다. 번잡한 욕망이나 넘치는 지식 등을 일절 배제하고 마음을 완전히 비워서 평정의 극치에 이른 상태라고 할 수 있습니다. 그때 사람의 마음속은 죽은 듯 적막한 것이 아니라 오히려 큰 도의 빛을 찾아갈 준비를 하고 있는 것입니다. 「대종사」 편에서 공자와 안회는 '좌망(坐忘)'에 대해 이야기합니다. '좌망'은 형체를 잊고 총명을 묻은 채 커다란 도에 서로 합해지는 것이지요.

"마음이 재처럼 식은 것"의 뒤는 아무것도 소유하지 않는 것이 아니라 더욱 자연, 하늘과 땅과 우주와 함께 통함으로써 이루어지는 것에 대한 기대와 기적이 존재하는 것입니다.

> 우리는 깊이깊이 받아들이려 합니다,
> 그 생각지도 못했던 기적을.
>
> — 풍지, 「십사행」 제1수

겸허하게 귀를 기울이고 살펴 알기를

74

> 하늘과 땅 사이의 큰 아름다움은 말할 수 없고, 네 계절에는 분명한 법도가 있지만 따질 수 없고, 만물은 저절로 이치를 이루지만 말하지 않는다.
>
> —「지북해」

장자는 끊임없이 쉴 줄 모르고 이어지는 말에 대해 처음부터 끝까지 의심을 거두지 않습니다. 그가 진정으로 좋아하는 것은 우주나 자연 세계, 만물과 더불어 살아가고 함께 길러지는 것이지, 그것들을 대상화하고 묘사하거나 분석하는 일이 아니었습니다. "말할 수 없고", "따질 수 없고", "말하지 않는다"라는 말은 그래서 나온 것이지요.

고대의 철학자들은 세계 만물의 장엄함과 아름다움, 그 자연스러운 질서를 충분히 이해하고 있었습니다. 그러나 그들은 후대의 인류가 그런 것처럼, 자아 중심적으로 아무런 경외심도 없이 공리주의적 관점에서 그 모든 것을 대상화하고 이용하려는 뜻을 가지고 있었지요. 이런 관점에서는 심지어 외부 세계를 아예 생명이 없는 대상으로 간주하고 제멋대로 재단하기도 합니다. 그러나 장자는 이에 대해 "말할 수 없고", "따질 수 없고", "말하지 않는다"라고 말했습니다. 공자도 일찍이 이렇게 감탄한 적이 있지요. "하늘이 어찌 말을 하리오! 네 계절이 운행되고 있을 뿐."(『논어』「양화」) 그 말은 위에서 장자가 말한 내용과 정확히 부합한다고 할 수 있겠습니다.

우리는 겸허하게 자연의 목소리에 귀를 기울이고 우주가 우리에게 주는 정보를 살펴 알아야만 합니다.

「난정집서」라는 복제품

75

> 산과 숲이여, 들판이여! 나를 기껍게 만들고 즐겁게 하는 것들이여! 즐거움이 그치지도 않았는데, 슬픔이 또 이어지네. 슬픔과 즐거움이 오는 것을 나는 막을 수 없고, 그 가는 것 또한 막을 수 없구나. 슬프도다! 세상에서 사람은 그저 온갖 감정이 잠시 기탁하는 장소에 불과할 뿐이라!
>
> —「지북해」

장자는 인성의 자연스러움을 강조하고, 사람과 하늘이 하나가 되어야 함을 강조하며, 인간의 지능과 욕망으로 인한 활동들을 배제하기도 합니다. 「제물론」의 앞부분에서는 남곽자기가 "책상에 기대어 앉아 있는데" 그 모습이 마른 나무 같고 마음은 식은 재와 같다고 쓰면서 이를 거의 하늘과 하나가 된 대표적 사례로 들었지요. 그래서 혜자는 일찍이 이렇게 물었습니다. "사람이 무정할 수 있는가?"(「덕충부」) 어떤 사람은 심지어 이렇게 말하기도 했습니다. "장자는 사람더러 돌덩이가 되라고 하는 것인가?"

문제가 복잡하기는 하지만, 우리는 여기서 먼저 다음과 같은 한 가지를 인정해야만 합니다. 비록 인간적인 감정에 대해 지나치게 비판적인 태도를 견지하기는 했어도, 장자 또한 우리와 마찬가지로 깊은 정을 지니고 있었다는 사실을 말입니다. 그는 어떤 진심어린 감정을 품었을 뿐 아니라 인간의 감정에 대해 아주 깊이 이해하고 있는 사람이기도 했습니다. 믿지 못하겠다면, 다음의 이야기를 함께 살펴보도록 합시다.

자연 속의 산과 숲, 들판과 강물과 같은 환경 안에서는 유쾌하고 즐거운 마음이 절로 생겨납니다. 그러나 슬픔과 즐거움은 마치 어떤 사물의 형체와 그림자가 붙어 다니는 것처럼 함께하는 것이지요. 슬픔과 즐거움이라는 감정이 오고 가는 것을 막을 수는 없습니다. 사람은 그저 그런 감정들이 깃드는 장소에 불과하지요. 이렇게 본다면 감정의 발생이라는 것도, 장자의 관점에서는 자연스러운 과정의 일부인 셈입니다.

이 가운데서 "즐거움"이 어떻게 발생하는지는 우리 모두 잘 알고 있습니다. 그러나 "슬픔"이 왜 생기는지에 대해서는 분명하게 알기가 어렵습니다. 아마도 「난정집서(蘭庭集序)」와 같은 후대의 작품을 참조할 수 있을 것입니다. 동진 시기의 유명한 선비들이 "날이 좋고 공기가 맑은 날, 다사로운 바람이 불고 화창한" 때에 "숭산의 높은 고개, 무성한 수풀과 긴 대나무" 사이에서 모임을 가졌습니다. "틀림없이 즐거웠을 것"입니다. 그러나 "감정도 상황에 따라 변"하는 것이라 "줄곧 즐거워한 일이 굽어보고 우러러보는 사이 어느새 옛 흔적"으로 남고 맙니다. 그래서 그 순간 즐거움은 어느새 다른 것으로 변하고 말지요. 한 걸음 더 나아가니 "오래 살고 짧게 사는 것이 하늘의 조화라 해도 마침내 죽음으로 돌아갈 뿐이라" 모든 것이 결국은 지나가 버리는 것이요, 흔적도 없이 사라진다는 데 생각이 미칩니다. 그래서 다음과 같은 감회에 젖어 들지요. "어찌 아파하지 않으리오!" 여기서 즐거움이 변하여 슬픔이 되는 과정은 『장자』에서 말한 바와 완전히 일치합니다.

「난정집서」에 적힌 내용은 마치 「지북유」의 복제품처럼 보이기도 합니다. 그러나 전자 쪽이 더 명확하게 감정적인 "슬픔"이 어디서 오는지를 지적하고 있지요. "죽음과 생도 또한 클 따름이기에." 『난정집』은 직접 「덕충부」의 말을 인용합니다. 이 또한 장자가 반복적으로 아주 깊이 있게 논의한 문제이지요.

그러므로 장자는 아주 정이 깊은 사람이었다고도 하겠습니다. 그가 감정의 길을 이해하기 위한 길을 찾아다녔기에, 감정으로 인한 아픔의 길 또한 찾아내고 이해할 수 있게 된 것입니다.

말할 수 없는 것에 대해서는 침묵을 지킨다

76

알 수 없는 것에서 아는 것을 그칠 수 있다면, 지극히 아는 것이라!

—「경상초」

도가는 무한한 지식 추구에 대해 회의하는 태도를 보여 줍니다. 한편으로, 그것은 생명을 얻는 지혜와 같은 것이 아니지요. 다른 한편, 지식은 무한한 것입니다. 우리는 고대 그리스의 어떤 이야기를 통해 이를 확인해 볼 수 있습니다.

고대 그리스의 어떤 철학자에게 학생이 있었습니다. 그가 어느 날 이런 질문을 했지요. "선생님, 선생님의 지식은 우리들에 비해 몇 배나 많습니다. 선생님께서 말씀하시는 답안도 정확할 때가 많지요. 그런데 어째서 선생님께서는 자신의 답을 끊임없이 회의하시는 겁니까?" 철학자는 손가락으로 책상 위에 크고 작은 원을 하나씩 그려 보이며 말했습니다. "큰 원은 나의 지식을 가리키는 것이고, 작은 원은 여러분의 지식을 가리키는 것입니다. 두 원의 바깥쪽은 우리가 알지 못하는 부분을 가리키지요. 내가 아는 것이 아마도 여러분이 아는 것보다는 클 것입니다. 그러니 내가 닿아 있는 알지 못함의 범위 또한 당연히 여러분보다 넓은 것이죠."

이러한 어려움에 대해서 장자가 대응하는 방법은 자신의 지식 영역을 더 확대하고, 그럼으로써 다시 그 원의 면적을 넓히는 것이 아닙니다. 그렇게 한다면 그가 마주하고 있는 무지의 면적 또한 자연히 늘어나겠지요. 그래서 그는 오히려 물러서는 쪽을 선택합니다. 영원히 점유할 수 없는 세계가 있다는 사실을 인정하는 것이지요. 그는 진정한 지혜라는 것은 오히려 접근할 수 없는 세계 앞에서 멈출 줄 아는 것이라고 생각한 겁니다.

현대의 철학자 비트겐슈타인도 이런 말을 남겼습니다. "말할 수 없는 것에 대해서, 우리는 모름지기 침묵을 지켜야만 한다." 장자의 말도 같은 깨달음에서 온 것이라 하겠습니다.

현인은 어떻게 스스로 머물 곳을 찾는가

77

현명함으로 다른 사람 앞에 나서서 사람의 마음을 얻은 이는 아직 없었습니다. 현명함으로 다른 사람 아래 거하여 사람의 마음을 얻지 못한 이는 아직까지 없었습니다.

—「서무귀」

현명한 사람은 지성이 보통 사람들보다 뛰어나고 능력도 보통 사람들보다 뛰어납니다. 보통 사람들보다 훨씬 우월하지만, 그래도 사람들과 함께 이 사회 어딘가에 머물지요. 그래서 어떻게 다른 사람들과 함께 지내면서 다른 사람들 속에서 자신의 소임을 다하고 자신의 현명함과 능력을 실현하느냐, 이런 문제들에 대해 고려할 필요가 있는 것입니다.

관중은 춘추 시대의 유명한 정치가입니다. 포숙아의 적극적인 추천으로 제 환공의 중용을 받았고 그를 도와 "여러 제후를 거느리고 세상을 하나로 통일하는" 패자의 위업을 이루게 되었습니다. 그가 중병으로 앓아눕게 되었을 때, 제 환공이 그에게 물었지요. "만일 그대가 정말 일어날 수 없게 된다면, 내가 제나라를 누구에게 맡기면 좋겠소?" 제 환공은 포숙아에게 맡겨도 좋겠는지 물었지만 관중은 안 된다고 합니다. "포숙아는 성정이 고결한 사람입니다. 자기만 못한 사람은 아예 가까이하지 않지요. 게다가 일단 다른 사람의 잘못에 대해 들으면 영원토록 잊지 않습니다. 그에게 나라를 다스리는 일을 맡긴다면 위아래 사람과 모두 잘 지내지 못할 것이고 결국 군주께도 죄를 짓게 될 것입니다."

제 환공은 계속해서 어떤 사람이 적합한지 묻지요. 관중은 습붕을 추천합니다. 습붕이라는 인물은 위아래 사람과 모두 소통할 수 있는 인물이었기 때문이지요. 윗사람은 그가 거의 존재하지 않는다고 생각할 것이고, 아랫사람은 절대 그를 배반하지 않을 것이라고 했습니다. 그는 스스로 황제와 같은 성현처럼 살지 못하는 것을 부끄럽게 여기며, 자신만 못한 사람에 대해서도 충분히 공감하는 능력을 지니고 있습니다. 이어서 관중은 이렇게 말합니다. "현명함으로 다른 사람 앞에 나서서 사람의 마음을 얻은 이는 아직 없었습니다. 현명함으로 다른 사람 아래 거하여 사람의 마음을 얻지 못한 이는 아직까지 없었습니다."

관중은 "나를 낳은 이는 부모이지만, 나를 알아주는 이는 포숙아"라는 일생일대의 지기이자 은인 앞에서도 공명정대한 태도와 나라에 대한 충성을 잊지 않았습니다. 정말이지 다른 사람들이 경탄할 만합니다. 더욱이 그는 매우 이성적인 판단으로 위와 같은 현명하고 능력 있는 인재에 대한 기준을 제시했지요. 높은 곳에 있는 우월한 사람일수록 더더욱 자신을 낮추고 겸허하고 공손하며 아랫사람을 수용하고 그들과 공감하는 능력을 갖추고 있어야 하는 것입니다.

있음과 없음 사이

78

쓸모없음을 알아야 비로소 쓸모없음에 대해 이야기할 수 있다. 땅은 막막하도록 넓지 않은 것이 아니나 사람이 쓸모 있게 여기는 것은 발아래로 족할 뿐이다. 그렇다고 해서 발아래 땅 외에 모든 곳을 없앤다면 발을 옮기자마자 저승으로 갈 것인데, 그래도 사람이 쓸모 있는 것만 찾아야 하는가?

—「외물」

장자는 거듭해서 "쓸모 있음"과 "쓸모없음"의 문제를 논하며 그에 대한 이야기를 하고 있습니다.

「소요유」에서 그는 혜시가 제기한 커다란 호리박의 쓸모없음에 대해 논했습니다. 그러면서 혜시의 마음은 잡초가 무성한 수풀 같아서 도무지 융통성이 없다고 지적했지요. 왜 큰 호리박을 강물이나 호수 위에 띄우지 않고 꼭 거기에 물을 담아서 사용해야 하는 거냐고 반문하지요. 쓸모 있음과 쓸모없음이란, 문제를 어떻게 보느냐에 따라 달라지는 문제라고 파악하는 것입니다. 이런 관점에서 쓸모가 있거나 없다고 말하는 것은, 방식을 달리한다면 또 다른 더 큰 쓰임으로 이어질 수 있는 것이지요.

여기서 장자는 또 다른 기지를 펼치며 논쟁을 이어갑니다. "굴뚝새는 깊은 숲속에서 살지만 한 가지를 넘기지 않는다."(「소요유」) 내게 소용되는 부분이 작다고 해서 내 발아래 땅을 빼고 모두 없애버린다면? 물론 안 될 말이지요! 장자가 말하고 싶은 것은 쓸모 있음과 쓸모없음은 상대적으로 이야기된 것이라는 점입니다. 만약 쓸모 있음에 대해서만 고집하면서 '쓸모없음'을 모두 없애 버린다면, 결국 '쓸모 있음'이라는 것도 성립하지 않게 될 겁니다.

노자는 일찍이 "있음"과 "없음"의 관계를 논한 바 있지요. 그 주장은 장자의 사유 및 그 생각의 발전과 매우 닮아 있습니다. "물레로 그릇을 만들 때는 마땅히 없음이 있어야 그릇으로서의 쓰임이 있게 된다. 창문을 뚫을 때는 마땅히 없음이 있어야 방의 쓰임이 있게 된다."(『노자』 제11장) 그릇을 만드는 데는 형태가 있는 부분에만 주의를 기울이면 안 됩니다. 그릇을 만들어 쓸모 있게 쓰기 위해서는 비어 있는 부분에 대한 고려 또한 중요한 법이지요. 창문의 이치도 마찬가지입니다. 창문의 틀은 형태가 있고 쓰임이 있는 것이지만, 더 중요한 것은 그것을 열어젖혔을 때 비는 부분이지요. 비어 있어야 공기도 통하고 햇빛도 듭니다.

진정한 세계는 모두 있고 없음 사이에 존재하지요.

당신은 어쨌거나
다리를 건너야 한다

79

통발은 물고기를 얻기 위한 것이니 물고기를 얻으면 통발을 잊는다. 올무는 토끼를 얻기 위한 것이니 토끼를 얻으면 올무를 잊는다. 말은 뜻을 얻기 위한 것이니 뜻을 얻으면 말을 잊는다.

—「외물」

통발이나 올무의 비유가 말하고자 하는 참뜻은 모두 말과 뜻에 있습니다.

장자는 사람의 언어에 대해 아주 뿌리 깊은 불신을 품고 있었습니다. 그러나 언어를 통하지 않는다면, 사람들이 어떻게 소통할 수 있겠습니까?

『노자』에 이런 말이 있습니다. "도라고 말할 수 있는 것은 변치 않는 도가 아니며, 이름이라고 말할 수 있는 것은 변치 않는 이름이 아니다."(『노자』 제1장) 또 이런 말도 했지요. "아는 사람은 말하지 않으며, 말하는 사람은 알지 못한다."(『노자』 제56장) 모두 언어가 진정한 의미에서 충분한 전달 작용을 하지 못한다는 데 방점이 있습니다. 그러나 당나라 시인 백거이는 노자의 이런 관점에 대해 의문을 제기했습니다. "말하는 사람은 알지 못하고 아는 사람은 침묵한다는 말을 내가 노자에게 들었는데, 노자가 지혜로운 사람이라고 한다면 어째서 오천 자나 남긴 것인가?"(「독노자」) 노자 당신은 말이 제대로 뜻을 전하기 어렵고 말을 하는 사람은 진정한 의미에서 '아는' 게 아니라고 했으면서, 어째서 오천 자에 이르는 『노자』와 같은 책을 남겼는가? 그런 의미였겠지요.

공자와 장자에게 이 문제에 대한 대답을 구한다면, 아마도 이렇게 말하지 않을까요? 언어의 전달 능력이 충분하지는 않고 진정으로 참의미를 전달한다고 보기는 어렵지만, 그래도 하릴없이 그 방식을 취하는 것은 이런 방식을 통해서만 마음속의 뜻이 비로소 분명해지기 때문일 것입니다. 그 근본적인 목적은 "뜻"에 있는 것이지 "말"에 있는 것이 아니지요. 다시 말해, "말은 뜻으로 인해" 존재하는 것입니다. "말"은 "도"에 이르기 위한 수단인 것이지요. 그러나 "뜻을 얻은" 뒤에는 언어로부터 자유로워져야 합니다("말을 잊는다"). 그 구절구절에 굳이 매달리지 말아야 하지요. 말이란 기껏해야 수단에 불과하니까요. 한번 생각해 봅시다. 강을 건너기 위해 다리를 건넜습니다. 다리를 건넜는데도 다리 근처를 서성인다면 정말 강을 건넌 것이라고 할 수 있을까요?

천하가 흐리거든
장자와 이야기하지 마라

80

열에 아홉을 차지하는 우언(寓言)은 밖의 것을 빌려와 무엇인가를 논하는 것이다. 친아버지는 아들의 중매를 설 수 없다. 아버지가 아들을 칭찬하는 것은 다른 사람이 그렇게 하는 것만 못하기 때문이다. (그러므로 우언을 쓰는 것은) 나의 죄가 아니라 사람들의 죄인 것이다. (사람들은) 자기와 같으면 호응하고 자기와 다르면 반대한다. 자기와 같으면 옳다고 하고 자기와 다르면 틀리다고 한다.

—「우언」

곤과 붕의 이야기는 초현실적일뿐더러 매우 이상합니다. '곤'은 원래 물고기였는데, 나중에는 갑자기 새가 되지요. 곰곰이 생각해 보면 거의 환골탈태의 변화에 가깝습니다. 물론 이것은 평범한 상상력의 결과는 아닙니다. 『열자』의 「탕문」에도 비슷한 이야기가 등장합니다. "북쪽 끝의 북쪽에 명해라는 곳이 있는데, 바로 하늘 못이다. 물고기가 있는데, 그 크기가 수천 리에 이르고 길이 또한 그러하다고 한다. 물고기의 이름은 곤이다. 새가 있는데, 이름이 붕이며 날개는 하늘의 구름을 덮은 것 같고 그 몸 또한 그와 비슷하다." 그러나 『열자』에서는 물고기 곤과 붕새 사이에 어떠한 변화의 관계도 암시되지 않았습니다. 아마도 곤이 붕으로 변화하는 이야기는 『장자』의 독특한 상상력인 듯합니다. 허구와 상상의 이야기로 정신을 제고하고 세속을 초월하는 뜻을 전하는 것이야말로 우언의 전형적인 형식이 아니겠습니까?

"우언"이라는 이 글자는 분명 『장자』에 의해 창조된 것이라 하겠습니다. 그 글 가운데 어떤 것은 아예 '우언'이라는 제목을 달고 있지요.

하지만 장자가 말하는 "우언"은 오늘날 상식적으로 이해되는 일종의 문학 장르로서의 "우언"과는 전혀 같은 것이 아니라고 할 것입니다. 장자의 "우언"은 "밖의 것을 빌려와 무엇인가를 논하는 것"이므로 다른 화제를 빌려서 자신의 뜻과 사상을 표현하는 글이라고 할 수 있지요. 후대의 주석가들은 이를 두고 "뜻은 여기 있으나 말은 다른 곳에 기탁하는 것"(왕선겸, 『장자집해』)이라고 해설하기도 했습니다. 다른 말을 빌려오면서 직접적으로 말하지 않는 이유는 "나의 죄가 아니라 사람들의 죄"로 돌리려는 데 목적이 있습니다. 예를 들어, 아버지가 자기 아들의 어떤 점이 좋다고 하면, 사람들은 그 말을 완전히 받아들이거나 믿지 못합니다. "고슴도치도 제 자식은 예쁘다"라는 것이 보편적인 인간의 심리이니까요. 사실 자기 아들이 정말 그렇게 뛰어나다면, 좋은 말을 늘어놓은들 무슨 대수겠습니까마는, 대단한 말로 세상에서 알아줄 만한 말들을 줄줄이 엮어서 들려준다고 해도 사람들이 인정하지 않을 수 있는 것이죠. 그래서 『장자』는 "우언"으로 의미를 전달하려고 합니다. 이 세상이 워낙 엉망진창이라 정직한 방법으로 진지하게 말할 수가 없기 때문이지요.

그러고 보면 "우언"이라는 말은 사람들에게 감동을 주는 문학적 형식으로 창조된 것만은 아닌 모양입니다.

당신 자신을 소중히 여기세요

81

수나라 군주의 보배로 천 길 떨어진 참새를 쏘았다고 하면, 세상은 틀림없이 그를 비웃을 것이다. 어찌 된 일인가? 그가 쓴 보배는 귀중한 것이요, 그가 원한 것은 하찮은 것이기 때문이다.

—「양왕」

장자의 이 이야기는 사람들에게 가장 중요한 것은 생명이라는 점을 일깨워 줍니다. 귀중한 보배를 총알로 삼아 참새를 쏘는 것과 마찬가지로, 부귀영화, 명예, 지위 등 하찮은 것들을 위해 자신의 생명을 대가로 내걸지 말라는 것이지요. 이 또한 보편적인 의미를 담고 있습니다. 얼마나 많은 사람들이 자신이 이미 가지고 있는 진정 가치 있는 것을 버리고 세상 사람들의 가치만을 따르고 있는지 생각해 볼 수 있을 겁니다.

우리가 살아가면서 겪는 모든 일들은 그때그때의 대응을 필요로 하는 것이지요. 수많은 일들을 선택하고 결정해야 합니다. 목표와 방향이 정확하지 않다면 치러야 할 대가가 무엇인지 언제나 돌이켜 볼 필요가 있습니다. 이것은 그저 우리 삶을 위한 계획이나 임기응변 능력만을 가리키는 것이 아닙니다. 바로 자기 자신을 소중히 하라는 이야기를 거듭하는 거지요.

은거하는 선비를 자처하면서

82

몸은 강호를 떠돌면서도 마음은 궁궐에 가 있다.

—「양왕」

중국의 문화 전통 속에서 은거하는 선비(隱士)의 전통은 매우 유구한 역사를 지니고 있습니다.

가만히 들여다보건대, 은거하는 선비가 되는 상황은 상당히 복잡합니다. 진짜 은사도 있고 가짜 은사도 있지요. 진정한 의미에서 은사는 깊은 산속이나 숲, 호수 근처로 숨어 들어가 종적도 없이 사라져 보이지 않는 것입니다. 그리고 또 사람들에게 추앙을 받는 은사가 있습니다. 전원으로 돌아가 은거하려는 뜻과 세상에서 뜻을 펼치려는 이상 사이에서 괴리를 느끼는 부류이지요. 도연명과 같은 사람을 예로 들 수 있겠습니다. "오랫동안 새장 속에 갇혀 있다가, 이제야 자연으로 돌아왔구나"(「귀원전거」 제1수)라는 감회는 깊은 인상을 남깁니다. 비록 전원에서 숱한 어려움을 겪을 수밖에 없지만, 결국 자신의 본성에 따라 "하늘의 뜻을 알고 그를 즐기는"(「귀거래혜사」) 삶을 만끽하는 것입니다. 이 또한 물론 진짜 은사라 하겠지요. 그러나 "몸은 강호를 떠돌면서도 마음은 궁궐에 가 있다"니! 이야말로 가짜 은사라 하겠습니다. 가짜 은사의 가장 유명한 사례는 바로 '종남산 지름길(終南捷徑)'이 될 것입니다.

당나라 때 노장용이라는 사람이 있었습니다. 당 고종 시기의 은사였는데 그는 바로 수도인 장안 바로 옆에 있는 종남산에 은거했습니다. 나중에 당 고종이 동도(東都)인 낙양에 머무는 시간이 길어지자, 그는 또 낙양에서 가까운 소실산으로 은거하는 처소를 옮겼습니다. 황제의 어가가 두 수도 사이를 오고가면서, 노장용도 종남산과 소실산을 오고가며 은거하는 곳을 바꾸었지요. "어가를 따라다니는 은사"가 황제에게 중용되려는 사마소의 마음을 지니고 있었음은 세상 사람들이 모두 다 알았지요. 측천무후가 집정하면서 그는 결국 중용되어 산을 나가 관직에 앉게 되었습니다. 당시의 유명한 도사 사마승정은 노장용과 함께 은거하던 벗이었습니다. 친한 친구 사이에는 못할 말이 없는 법이지요. 노장용이 종남산을 가리키며 사마승정에게 이런 말을 했다고 합니다. "산속은 얼마나 좋은 곳인지!" 사마승정이 대답했습니다. "내가 보기에는 저 산이야말로 관리가 되어 영달하는 지름길일세!"

해학적인 풍자가 깃들어 있기는 하지만, 장자는 이와 같이 '종남산 지름길'을 찾는 가짜 은사에 대해서도 어느 정도 관대한 태도를 유지하고 있습니다. 가짜 은사들이 자신의 세속적인 욕망을 이기지 못하고 그에 굴복한다면, 그 또한 그 나름의 의미가 있는 거지요. 만약 억지로 그것을 극복하려고 애를 쓴다면, 결국 두 번째 상처를 입을 뿐입니다. 두 번째 상처를 입는다면 살아남기 어려워질지도 모릅니다. 장자가 보기에는, 어쨌거나 생명을 보전하는 일이 무엇보다도 중요한 일이었으니까요.

손바닥 뒤집듯 구름이 뒤덮고 비가 내리면

83

얼굴을 마주할 때는 좋은 낯빛으로 남을 칭찬하다가 또한 쉽게 등을 돌리고 그를 깎아내린다.

―「도척」

얼굴을 마주하고 칭찬하는 것은 사람을 난처하게 하는 일입니다. 문화 전통 속에서 줄곧 겸손을 강조해 왔기 때문이지요. 만약 누군가 앞에서 큰 소리로 탄성을 지르며 칭찬을 한다면 아무래도 뭔가 다른 속내가 있는 것은 아닌가 의심하게 될 겁니다.

『장자』의 「천지」 편에 이런 말이 있습니다. "효자는 부모에게 아첨하지 않고, 충신은 군주에게 아부하지 않는다. (그것이)

신하 되고 자식 된 자가 할 만한 일이다. 부모의 말이 다 옳다고 하고 부모의 행동이 다 좋다고 하는 것을 두고 세상은 '불초자'라고 일컫는다. 임금의 말이 다 옳다고 하고 임금의 행동이 다 좋다고 하는 것을 두고 세상은 '불초신'이라고 일컫는다." 그 의미는 이러합니다. 정말 효자이고 충신이라면 부모나 군주에게 아첨이나 아부를 일삼지 않을 테지요. 군주나 부모의 행동을 무조건 옳다고만 하는 것은 불초한 일이 아닐 수 없습니다. 그들이 떠받들고 아첨이나 아부를 일삼는 것은 모두 마음속에서 우러난 것이 아니라 종종 자신의 이익에 따라 고려한 것이기 때문입니다. 진정으로 부모나 군주를 위해서가 아니라는 뜻이지요. 그래서 칭찬하면 할수록 결국 그들에게 손해를 끼치게 됩니다.

눈앞에서 칭찬하는 일은 그 마음이 의심스러운 데 그치지 않습니다. 앞에서 대놓고 칭찬을 하는 사람은 뒤에서 그를 헐뜯을 가능성이 매우 큽니다. 대놓고 칭찬을 하는 일이나 뒤에서 헐뜯는 것은 모두 다 진심에서 우러난 것이 아니라 모두 이익의 필요에 따라 정해지는 것이기 때문입니다. 손바닥 뒤집듯 구름이 뒤덮는다면, 손바닥 뒤집듯 비도 쏟아지기 마련이지요. 실질적으로나 심리적으로나, 앞에서 대놓고 칭찬을 하거나 뒤에서 사람을 깎아내리는 사람에게는 아무런 거리낌이 없는 법입니다.

장자는 이와 같은 사람의 심리에 대해 아주 잘 알고 있었던 것 같습니다. 위와 같은 글에서 확인되지요.

일주일에 한 가지 즐거움

84

> 사람이 오래 살면 백 살이요, 그보다 덜 살면 여든이요, 못 살면 예순이다. 병을 앓고 죽고 다치고 앓는 일을 빼고 그 가운데 입을 열어 웃는 일은 한 달에 겨우 너댓새에 그칠 뿐이다.
>
> —「도척」

장자는 삶에 대해 기본적으로 비관적인 태도를 유지합니다. 수많은 골치 아픈 일들에 시달리고, 수많은 책임을 져야 하며, 수많은 스트레스를 받고, 헤아릴 수도 없이 많은 어려움에 봉착해야 하지요. 병에 걸릴 수도 있고 부상을 입을 수도 있고 장례를 치르거나 정신 줄을 놓게 되는 일이 한둘이 아닙니다. 사람들은 종종 좀 더 좋은 상태를 바라기 마련이지요.

즐거운 마음이 되기를 소망합니다. 그래서 그 마음대로 되지 않는 상황들, 그런 날들을 제외하고 나면 사실 즐거운 때는 정말이지 많지 않습니다. "입을 열어 웃는 일은 한 달에 겨우 너댓새에 그칠 뿐"이지요. 헤아려 보니 겨우 일주일에 한 번 정도가 됩니다.

장자의 말은 참으로 선견지명이 있습니다. 현대 사회에서도 매주 하루 정도만 자신에게 온전히 속하는 휴일이지요. 그 날만큼은 그래도 자신에게 만족스러운 하루를 만들 수 있습니다. 상대적으로 좀 더 쉽게 즐거움을 느낄 수 있는 거지요.

더할 나위 없는 즐거움

85

하늘과 땅은 끝이 없지만, 사람이 죽는 데는 때가 있다. 이 유한한 육체를 무한한 세계에 맡기는 것은 신비로운 준마가 좁은 틈을 내달리는 것과 같이 갑작스러운 일이다. 그러므로 자신의 뜻을 기쁘게 하지 못하고 그 생명을 잘 기르지 못하는 이는 모두 도에 통하지 못한 사람이다.

—「도척」

생명은 유한한 것입니다. 순식간에 스쳐 지나가 버리지요. 마치 발 빠른 말이 작은 틈을 뚫고 지나가는 이미지가 떠오릅니다. 『장자』에는 이런 표현이 자주 보이기 때문에 낯설지 않습니다. 「지북해」에도 비슷한 글귀가 있지요. "사람이 하늘과 땅 사이에서 사는 시간은 마치 백마가 작은 틈을 뚫고 지나는 것처럼 갑작스러운 일이다."

이러한 현실에 우리는 어떻게 대처해야 하는 걸까요? 뭔가를 알고 있어야 그대로 해 나갈 수 있게 됩니다. 결국 장자는 평온한 태도로 자연스럽게 삶을 받아들이라는 점을 다시 강조합니다. 이런 과정 속에서 나의 즐거움을 다하는 것이 마땅한 일이라면, 우리는 또 왜 굳이 스스로를 괴롭히는 걸까요? 아무 거리낌도 없이 나의 모든 즐거움을 다할 수는 있는 걸까요?

물론 여기에도 어떤 선이라는 것이 있습니다. 장자는 언제 어디서든 원하는 만큼 즐기라고 주장한 것이 아닙니다. 원하는 만큼 있는 대로 즐긴다는 것은, 결국 모든 것은 지나가 버릴 테니 온 힘을 다해 눈앞의 즐거움을 움켜쥐는 행위라고 할 수 있습니다. 일종의 절망적인 선택이라고 할 수 있지요. 거기에는 일종의 퇴폐성, 기울어져 가는 운명에 저항하지 못하는 자포자기의 심정이 반영되어 있습니다. 장자의 즐거움은 좀 더 안온한 것입니다. 이 더할 나위 없는 즐거움은, 마치 다리 위에서 유유자적 노니는 물고기들을 바라보는 것처럼, 대상과 내가 합일되는 물아일체의 자유라고 할 수 있겠습니다.

그 마음의 뜻을 즐겁게 하는 것은 주어진 생명을 잘 보존하는 것이지 자신의 생명을 내버리는 일이 아닙니다.

형체를 감추고 그림자를 없애다

86

자기 그림자를 싫어하고 이를 떼어놓고 달아나고 싶어 하는 사람이 있었다. 그가 발을 들어 몇 걸음을 옮기자 그림자 또한 걸음 수가 많아졌다. 빨리 달리면 달릴수록 그림자는 더 바싹 붙어서 떨어지지 않았다. 그는 스스로 아직 너무 늦다고 생각해서 쉬지 않고 달리다가 온 힘이 다해서 죽고 말았다. 그늘로 가서 그림자를 쉬게 하고 조용히 앉음으로써 걸음을 멈춘다는 생각을 하지 못했으니, 그 어리석음이 어찌 심하지 않겠느냐!

—「어부」

장자는 무척 예민한 사람이었습니다. 예민한 사람들은 빛과 그림자의 존재에 빠지기 마련이지요. 장자는 여러 차례 형체와 그림자의 관계를 논했습니다. 「제물론」의 말미에서 장자가 나비의 꿈을 꾸는 그 이야기의 바로 앞에 그림자에 대한 일반적인 견해를 논하는 대화가 등장하지요. 그림자는 이렇게 말합니다. "나도 내가 왜 늘 무엇인가의 곁을 따라서만 다니는 건지 모르겠다."

여기서 그림자로부터 도망치는 이야기는 그보다 더 흥미롭습니다. 그림자는 형체에 따라서 움직이며, 그림자와 형체는 떼려야 뗄 수 없는 관계에 있습니다. 흔적을 없애려 한다면 결국 그 근원에 손을 대지 않을 수 없지요. 그것이 바로 "그늘로 가서 그림자를 쉬게 하는" 것입니다. 내 자신이 그토록 햇빛 아래서 눈에 띄는 일을 하는 게 아니라면, 그림자 또한 자연스럽게 사라지게 되는 겁니다. 현실적인 이야기로 바꾸어 놓는다면, 굳이 헛된 자기를 쫓아 내달리지 말라는 뜻이겠지요.

「산목」 편에는 물 위를 가는 배에 대한 이야기가 실려 있습니다. 빈 배가 떠내려 오다가 사람이 탄 배에 부딪쳤답니다. 제아무리 성질이 급한 사람이라도 빈 배에 대고 화를 낼 수는 없겠지요. 그러나 누군가 그 배를 타고 있었다면, 부딪친 배에 탄 사람은 소리를 질렀을 겁니다. 첫 번째 외침도 듣지 못하고, 두 번째 외침도 듣지 못한다면, 세 번째 고함을 칠 때는 틀림없이 좋지 않은 말을 입에 담게 되겠지요. 화를 내지 않는 것과 화를 내게 되는 것은 부딪쳐 온 배에 사람이 없느냐 있느냐의 문제가 되는 겁니다. 사람이 자신을 비우고 세상을 살아갈 수 있게 된다면, 그 누가 그 사람을 상하게 할 수 있겠습니까?

자신을 비운다는 건, 밖을 향해 내달리는 것이 아닙니다. 자신을 비운다는 건, 부질없이 형체와 정신을 소모하지 않는 것입니다. 자신을 비운다는 건, 자연의 큰 이치와 하나가 되는 것이지요.

진정한 감정은 형식에 얽매이지 않는다

87

'진짜'라는 것은, 정성을 지극히 다하는 것이다. 정성을 다하지 않으면, 남을 감동시킬 수 없다. 그러므로 억지로 소리를 내어 목 놓아 우는 것은 슬프게 들릴지 몰라도 남을 슬프게 할 수 없고, 억지로 화를 내는 것은 무시무시해 보일지 몰라도 다른 사람의 마음을 압도할 수 없으며, 억지로 친하게 구는 것은 남을 웃게 할 수 있을지 몰라도 마음으로 서로 어우러지게 할 수는 없다. 진정한 슬픔은 소리가 없어도 곁에 있는 이까지 슬프게 하고, 진정한 분노는 밖으로 터져 나오지 않더라도 곁에 있는 이를 압도하며, 진정한 친함은 웃어 보이지 않더라도 마음으로 어우러지게 만든다.

—「어부」

도가에서 가장 중시하는 기본 개념은 바로 '진짜'라는 것입니다. 이 개념은 유가에서 이른바 '선함'에 가깝지요. 상대적으로 비교해 볼 수 있을 겁니다.

이른바 '진짜'라는 것은 본체의 실질이자 그 자체의 참됨을 가리킵니다. 원래의 상태를 보존하며 왜곡하지 않고 조작하지 않으며 모두 본성에 따라 움직이는 것이지요. 위의 글에 보이는 '억지로'라는 개념과 상반되지요. '억지로'라는 것은 억눌러져 왜곡되어 거짓으로 나타나는 표현입니다. 그래서 이러한 표현은 모두 사람의 마음을 움직일 수 없는 것이지요. 진짜 감정에서 우러나는 희로애락은 반드시 밖으로 드러나는 어떤 형식에 따르는 것이 아닙니다. 직접적으로 곡을 하는 사람의 경우를 생각해 볼 수 있습니다. 그 울음소리가 설마 상주의 마음보다 더 비통하겠습니까?

다시 말해, 외재적인 형식이 문제가 아니며 내면의 실질이 핵심이라는 뜻입니다. 『장자』에는 다음과 같은 말도 보입니다. 술을 마시는 것은 즐거움이 핵심이고, 장례를 치르는 것은 슬픔이 핵심이지요. 그러므로 술을 마시는 뜻은 즐거움을 추구하는 데 있습니다. 그러니 술 마시는 도구가 어떤 것이냐는 부차적인 문제가 되는 거지요. 장례를 치르는 것은 슬픔이 핵심이지요. 그러니 예법을 지키는 것은 가장 중요한 문제가 아닌 겁니다.

죽림칠현 가운데 한 사람인 완적은 이러한 "진짜"를 실천했던 전형적인 사례라 할 수 있을 겁니다. 완적의 아버지가 일찍 세상을 떠났기 때문에, 그는 어머니에게 지극히 효도했습니다. 어머니가 세상을 떠났을 때, 그는 마침 다른 사람과 바둑을 두고 있었다고 합니다. 상대방이 더 이상 바둑을 두지 말자고 했지만, 완적은 그 말에 응하지 않았습니다. 나중에 술을 두 말이나 마시고 한바탕 소리를 지르더니 피를 몇 되나 쏟았다고 합니다. 어머니를 입관할 때 완적은 쩡루주(蒸乳猪, 애지를 쪄 낸 요리)를 먹고 또 술 두 말을 마셨습니다. 그런 뒤에 어머니와 마지막 작별을 했지요. 또 한 번 한바탕 소리를 지르고 피를 몇 되나 토하고 사람이 형체는 녹아서 뼈만 남은 듯, 거의 목숨을 잃은 듯했다고 합니다.

문헌에 따르면, 완적의 행동은 전혀 예법을 지키지 않은 것으로 보입니다. 어머니가 돌아가셨는데 계속해서 바둑을 두었고 고기를 먹고 술을 마셨습니다. 그러나 그의 감정은 의심할 여지 없이 "진짜"로 느껴지지요. 그의 슬픔은 세상 사람들이 준수하는 장례의 방식으로는 해소되지 않는 것이었지요. 그래서 사람이 형체는 녹아서 사라지고 뼈만 남은 듯 외모까지도 변화하게 된 것입니다. 가장 극심한 슬픔과 절망이 밖으로 드러냈다고 하겠지요. 이런 방식으로 그는 장례에서의 핵심은 슬픔이라는 『장자』의 말을 실현했습니다.

장례를 치르지 않는 게 낫다

88

나는 하늘과 땅을 관곽으로 삼고, 해와 달을 장례식에 쓰는 옥돌로 삼고, 별들을 둥근 옥과 모난 옥으로 삼고, 만물을 저승사자의 예물로 삼을 것이다. 내 장례용품 가운데 무엇이 갖추어지지 않았느냐? 여기에 어디 더할 것이 있느냐?

—「열어구」

장자는 생사의 문제에 대해 이념적으로 매우 분명한 인식을 지니고 있었습니다. 그러나 관념과 실천은 본디 완전히 다른 일이고, 사람들은 대개 생각으로는 가능한 일을 실제로는 해내지 못하곤 합니다. 장자가 "대야를 놓고 두드리며 노래를 부르"던 일화는 그가 자신의 삶에서 그 생각을 실천하고자 했다는 사실을 알려줍니다. 그러나 다른 사람의 일(설사 그 사람이 자기와 반평생을 같이 산 부인이라고 해도)과 자기 자신의 일은 다를 수 있지요. 대부분 사람들이 곁에서 볼 때는 이성적인 판단을 하지만, 그 자신의 일에 있어서는 흐리멍덩해지곤 하니까요.

장자는 자신의 최후와 그다음의 일에 대해서도 자기 이념에 충실하고도 명확한 태도를 견지합니다. 정말이지 탄복하지 않을 수 없는 일이지요. 그는 제자들이 자신을 위해 후한 장례를 준비하자 그러지 말라고 말리면서 위와 같이 말합니다. 자연에 의지하는 그의 태도는 정말이지 놀라울 정도이지요. 그런 뒤에 더 적나라하게 다음과 같은 대화를 이어갑니다. 제자들은 장자에게 호소합니다. "그렇게 말씀하시니 저희들은 까마귀와 수리가 날아와 선생님을 파먹을까 두렵습니다." 장자는 대답하지요. "땅 위에서는 까마귀와 수리가 먹고, 땅 아래서는 땅강아지와 개미가 물어뜯는데, 저쪽의 먹이를 가져다가 이쪽에 둔다면 아무래도 불공평한 일이 아니겠는가!"

장자의 태도는 일반적인 세상의 상식과는 완전히 어긋나지요. 그러나 그것은 또한 분명 생사 관념의 자연적인 결과를 철저히 실천하는 것이라 할 수도 있겠습니다. 하물며 실질적인 경험의 관점에서 보더라도 장자는 무척이나 똑똑한 결정을 내린 것이라 할 수 있습니다. 지나치게 성대한 장례식은 좋은 결과를 낳지 못합니다. 역사에서는 그런 사례들이 무척 많이 보입니다. 『여씨춘추』「안사」에는 다음과 같은 글이 보입니다. "돌 위에 명문을 새긴다면 세상 사람들이 모두 그 아래 진귀한 보배가 숨겨져 있을 줄 알 것이며 그 말을 들은 사람들은 틀림없이 우스개로 삼아 놀릴 것이다. 사실 후한 장례를 치르는 것도 이와 같은 일이 아니겠는가?" 예로부터 망하지 않는 나라가 없고 죽지 않는 사람이 없으며 파헤쳐지지 않는 무덤이 없다고 하지요. 그렇다면 후하게 장례를 치르지 않으면 좀 어떻습니까? 송나라의 장기와 안수의 유언은 완전히 달랐습니다. 장기는 장례를 후하게 치르라고 했고, 안수는 장례를 간소하게 하라고 했지요. 나중에 도굴꾼이 장기의 묘에 들어갔더니 부장품이 하도 많아서 관곽 근처까지 가기도 전에 벌써 움직일 수 없는 상태가 되어 물러나왔다고 합니다. 안수의 묘에서는 옹기 그릇 열 개밖에 없었다지요. 도굴꾼은 자기 수고에 대한 보상을 얻지 못하자 화가 난 나머지 이 위대한 시인의 유골을 도끼로 산산조각 냈다고 합니다.

성대한 장례도 문제이고, 간소한 장례도 예상치 못한 화를 입을 수 있으니, 아예 장례를 치르지 않는 건 어떨까요!

나오는 말

마음 가는 대로

장자의 말을 음미해 보라

● 중국 전통에서는 줄곧 사람을 알고 세상을 논하는 것을 매우 중요하게 여겼습니다. 그래서 먼저 사람에 대한 논의를 하고 그 사람의 사상을 이야기합니다. 그러나 장자에 대해서는 이러한 방식이 효과가 없었지요. 옛날부터 그토록 많은 학자들이 끊임없이 연구를 거듭해 왔지만, 그가 언제 태어났는지, 언제 세상을 떠났는지 알 수 없었습니다. 그의 괴상망측한 사유에 대해서도 제대로 이해하기가 어려웠습니다. 그것은 그가 어떤 현실이라도 보고 들으며, 어떤 자극이라도 받아들이는 사람이었기 때문이지요.

언어와 문자를 통해 끊임없이 재잘재잘 자신의 생각을 떠드는 일에 대해서, 장자는 그의 선배인 노자와 마찬가지로 아주 뿌리 깊은 회의의 태도를 견지했습니다. 그는 더할 나위 없이 명확하게 지적했지요. 기록되어 후대에 전해지는 것들은 기본적으로 "쭉정이"일 따름이라고 말입니다.

그의 사상이 어디서 생겨났는지조차 애매모호해서 알 수 없는 것이라면, 그가 남긴 문장들 또한 그 자신의 사상을 전하고 있는 것이라고 확신하기 어려울 겁니다. 그렇다면 우리는 장자를 어떻게 대해야 할까요?

하릴없이 장자의 말 그 자체를 통해 그의 사상을 따라가고 장자가 이끄는 대로 그의 근거를 따져 보는 수밖에 없겠지요.

이 책은 아주 작은 책입니다. 그리고 아주 얕은 해석을 하고 있을 뿐이지만, 그래서 도리어 정말 『장자』의 글귀들을 집중적으로 읽어 볼 기회를 제공할 수도 있을 겁니다. 마음이 가는 대로 시나브로 장자의 말을 음미해 보는 거지요.

하지만 장자와 노자는 확실히 한 가지 다른 점을 지니고 있습니다. 노자는 격언과 잠언의 고수라고 할 수 있습니다. 오천 자가 거의 다 격언이라고 해도 과언이 아니지요. 그러나 장자는 한 단락의 이야기를 던지는 실천가라고 할 수 있습니다. 각각의 우언(寓言)이 모두 쉽게 접할 수 없는 내용으로 가득하지요. 그 내용 속에는 교묘하게 숨겨진 격언들이 존재하기도 합니다. 아무래도 감식안이 필요하기는 하지만요. 어쨌거나 자신의 마음이 가는 대로, 가는 길에 눈에 띄는 대로 선택하면 되는 겁니다.

이 글들은 십 년쯤 전에 초고를 썼고 다니는 대학 출판사에서 출간했었습니다. 십 년이 지난 후, 다시 이 책을 새로운 얼굴로 세상에 내보일 수 있어 무척 기쁘게 생각합니다. 당연히 기쁘고 즐거운 마음이지만, 그 열정과 믿음이 저 자신으로 인한 것이 아니라, 바로 장자로 인한 것임을 잘 알고 있습니다.

옮긴이의 말

장자의 언어 안에서

• 사람의 만남에서 한 번은 우연이고 두 번은 필연이며 세 번이면 운명이라는 말이 있다. 역자로서 적지 않은 책을 옮겼지만, 한 작가의 같은 글을 여러 번 옮기는 필연은 거의 경험하지 못했다. 그런데 장자의 글은 다섯 해쯤 전에도 옮긴 적이 있다. 『장자』에 대한 책들이 대부분 형이상학적인 담론으로 빠지기 쉬운 데 반해 '장자의 언어'에 집중하는 점이 흥미로워서 선택한 책이었다. 생각해 보면, 그 선택에는 더 오래된 인연이 작용했을지 모른다. 나는 대학 시절에 들었던 언어철학 강의에서 때로는 '의미'보다 '언어' 그 자체가 더 많은 것을 알려 준다는 사실을 배웠다. 그 강의 덕분에 '의미'로만 접근했던 제자백가의 사상들을 '언어'로 다시 생각할 수 있었던 것 같다. 이 책 『장자의 말』도 장자의 '언어'에 집중하는 책이다. 우연이라고 생각했던 일은 어쩌면 필연이거나 운명일지 모른다.

『장자의 말』의 저자는 장자라는 인물의 실존 여부와 상관없이 그 책에 실린 글들이 대부분 일종의 '알레고리'라는 점에 주목한다. 문학 전공자이기에 글 안에 담긴 '의미'보다 '언어'에 더 집중한 것이 아닌가 싶다. 저자는 어떤 글이 누가 쓴 것이냐의 문제보다 더 중요한 것은 글 자체가 주는 울림이라고 말한다. 그리고 그 글을 곰곰이 되씹으면서 우리가 살고 있는 '지금, 여기'서 어떤 의미를 지니는지 음미한다. 그 과정에서 중국의 고전을 전공한 사람의 풍부한 문학적 소양을 만끽할 수 있다. 예를 들어, 중국 고전 『홍루몽』 속의 주인공이 『장자』 「추수」 편의 의미를 어떻게 이해하고 사람들과 논의하는지 짚어 내는 식이다. 이렇게 수천 년 전의 생각과 수백 년 전의 생각과 '지금, 여기'의 생각이 이어진다. 우리가 인터넷 검색을 하면서 링크에 링크를 타고 시공을 뛰어넘듯이, 이 책의 저자도 이렇게 먼 시간과 먼 공간의 생각들을 우리 앞으로 끌어다 놓는다.

'의미'보다 '언어'가 더 중요한 척 부정하기는 했지만, 그래도 '언어'에 주의를 기울이는 것은 궁극적으로 '의미'에 다다르기 위한 것이다. 장자가 언어의 전달 능력을 의심하면서도 언어에 주의를 기울인 것은 인간이 그를 통해서만 소통할 수 있기 때문이다. 다시 말해, '언어'는 인간의 소통에서 가장 근본적인 매개(media)이다. 장자의 '언어'에 주의를 기울이는 것은 결국 장자라는 '의미'에 도달하기 위해서인 것이다. 그래서 저자는 장자의 '의미'를 얻은 뒤에는 장자의 '언어'를 잊어도 좋다고 했다.

'언어'는 사람의 '의미'를 전하는 표현 방식이다. 한자로 '문(文)'은 바로 이 표현 방식을 가리킨다. 이 책을 만나기 몇 년쯤 전에 우연히 천인츠 선생과 만날 기회가 있었다. 간소한 저녁 식사 자리였다. 그때는 이 책을 만나게 될 줄 미처 몰랐지만, 소탈하고 정갈한 분이라고 생각했다. 뜨겁기보다는 다사롭고 넘치지 않으면서도 그득한 인정을 지닌 분이었다. 말하자면, 저자는 그와 같은 '문채(文彩)'로 드러나는 사람이었다. 우리가 보통 첫인상이라고 부르는 것이다. 글을 읽고 옮기면서 그 얇고 평면적인 인상에 『장자』의 구절을 한 글자씩 꼭꼭 씹어 되새기고 자신의 삶에 부려 놓는 고집스러운 세심함과 살뜰함이 더해졌다. 의심할 여지가 없는 학자이면서도 배운 것을 삶의 원칙으로 삼고 일상을 살아 내는 생활인으로서 저자의 모습이 그려졌다. 책은 사람이 아니지만 때때로 대면하는 즐거움보다 더 깊은 이해를 전해 준다. 이 책이 저자와의 그런 인연을 엮어 주는 작은 기회가 되기를 바란다.

아주 작은 공간에서 더 많은 인연을 꿈꾸며

옮긴이 문현선